THÉOTEX
Site internet : theotex.org
Courriel : theotex@gmail.com

© THÉOTEX
Édition : BoD — Books on Demand
12/14 rond-point des Champs-Élysées, 75008 Paris
Impression : BoD, Norderstedt, Allemagne
ISBN : 978-2-322-22246-9
Dépôt légal : mai 2020

Lettres aux Chrétiens

persécutés ou affligés

Samuel Rutherford

Traduites par Gustave Masson

1848

ThéoTEX

— 2020 —

RUTHERFORD

ET

SON ÉPOQUE

La grande réformation du 16ᵉ siècle, en portant le dernier coup à la puissance depuis longtemps contestée du moyen âge, était venue affranchir l'intelligence humaine, et rendre à l'examen tous ses droits. Ce retour aux vérités évangéliques devait s'exercer indépendamment de toute considération extérieure, et il n'y eut peut-être qu'un seul pays où la réforme devint pour ainsi dire une institution politique, un ressort administratif, un moyen de police. Ce pays fut l'Angleterre.

Le mouvement religieux qui avait arraché la moitié de l'Europe à la suprématie papale trouva en Angleterre un peuple qui essayait sa force contre le trône, un monarque qui voulait maintenir ses propres droits, et une noblesse qui ne demandait pas mieux que de soutenir Henri VIII contre ses sujets si on voulait leur accorder des récompenses en proportion avec leurs services.

Dans un tel état de choses Henri VIII vit promptement de quel avantage serait pour lui la réunion, en sa personne de l'autorité temporelle et de l'autorité spirituelle ; s'il pouvait soutenir ses actes d'oppression par des foudres rivales de celles du saint-père ; si enfin il réussissait à se faire regarder comme représentant de Dieu au double titre de roi et de chef de l'Église. Tel est le véritable motif pour lequel se sépara de Rome un prince qui s'y était jusque-là montré attaché : il exploita ainsi les grands hommes qui avaient compris la réforme véritable, et il paya de la dépouille de l'ancien clergé le zèle et l'appui de ses barons.

Cependant la *non-conformité* naquit avec l'église anglicane. Beaucoup de protestants refusaient de souscrire au nouveau symbole ; on les brûla comme on brûlait les catholiques. Elisabeth et Jacques Ier marchèrent dans la même voie ; Charles Ier lassa la patience des Ecossais en essayant de leur imposer la constitution ecclésiastique organisée à Westminster, et il perdit la vie en voulant rétablir les anciennes barrières que les Anglais comme les autres nations avaient irrévocablement franchies.

Charles Ier était sur le trône depuis deux ans, et la lutte venait de commencer entre le monarque et son parlement, quand Samuel Rutherford, un des plus célèbres membres de l'église presbytérienne, fut nommé ministre de la paroisse d'Anwoth dans le comté de Kirkcudbright. Né, suivant Wodrow, d'une famille peu aisée du Teviotdale, remarquable, dès son jeune âge, par des dispositions studieuses, il avait été en 1617 envoyé à l'Université d'Edimbourg, où, au bout de quatre ans, il prit le grade de maître ès arts. Bientôt ses connaissances en littérature classique lui procurèrent la chaire d'humanités dans l'Université, fonctions qu'il occupa pendant deux ans. Puis il se vit obligé de donner sa démission pour des motifs qui ne sont pas encore très connus, et disant adieu à la littérature il s'occupa uniquement de théologie.

Rutherford avait obtenu la direction de la paroisse d'Anwoth surtout par l'influence de Gordon de Kenmure, gentilhomme écossais, illustre pour son dévouement à la cause de la religion et de l'Evangile. Il entrait dans l'Église à une époque où le despotisme pesait sur elle. La politique anglaise avait imposé l'épiscopat à l'Ecosse. « Depuis son avènement, et à l'exemple de son père, Charles n'avait cessé de s'appliquer à détruire la constitution républicaine que l'église d'Ecosse avait empruntée au calvinisme, et à rétablir l'épiscopat écossais, dont quelque ombre subsistait encore, dans la plénitude de son autorité et de sa splendeur. Fraudes, rigueurs, menaces, corruption, tout avait été employé pour réussir dans ce dessein [a]. » A peine sur le trône le nouveau monarque s'était ouvertement déclaré. Il écrivait à l'archevêque Spottiswoode que les lois portées par Jacques en matière ecclésiastique seraient strictement observées ; une nouvelle cour ecclésiastique, sous la présidence du primat, s'organisait, mais au milieu de telles récriminations de la part des presbytériens, qu'elle ne tint pas une seule séance. Quoique en secret la plupart des esprits inclinassent encore pour le presbytérianisme, l'épiscopat était établi par tout le pays, et aucun ministre ne pouvait exercer à moins de déclarer par écrit qu'il se soumettrait à toutes les conditions imposées par son évêque diocésain. Une exception semble avoir été faite en faveur de Rutherford, si l'on en croit le témoignage de M. Mac-Ward, son collègue et son ami, corroboré par Wodrow. Il fut mis en possession de ses privilèges comme ministre sans avoir eu à s'engager en rien vis-à-vis de l'évêque.

Le bonheur avec lequel le troupeau d'Anwoth accueillit son nouveau pasteur devait lui être bien doux et lui promettre pour l'avenir une carrière de consolations et de services utiles. Ces prévisions se réalisèrent et au-delà. Ses paroissiens l'aimaient et le respectaient ; ils l'écoutaient régulièrement et avec des résultats

---

a. Guizot, *Hist. de la Rév. d'Angleterre.*

évidents. Livingstone, son contemporain, disait : « Pendant le séjour de Rutherford à Anwoth, il devint un instrument de beaucoup de bien à de pauvres ignorants dont un grand nombre furent amenés par lui à la connaissance et à la pratique de la religion. » Le zèle de Rutherford est presque incroyable ; debout, chaque matin à trois heures, il consacrait la première partie de la journée à la prière, à l'étude et à la méditation. Pendant le reste il vaquait à ce que l'on peut proprement appeler ses devoirs publics, visitant les malades, et les différentes familles qui composaient son troupeau.

Bientôt la réputation du ministre d'Anwoth s'étendit aux paroisses environnantes. Le dimanche on accourait de tous côtés pour s'édifier en l'écoutant, et surtout quand le sacrement de la Sainte-Cène réunissait autour des symboles de la mort de Christ les membres fidèles de l'Église visible. Une prospérité ininterrompue et une tranquillité qu'aucun nuage ne vint obscurcir signalèrent les premières années des fonctions pastorales de Rutherford. Cependant il ne s'y laissait pas tromper. Disciple de celui qui promettait aux siens les tribulations ici-bas, il attendait l'adversité de pied ferme. Elle vint le frapper d'abord dans ses affections de famille. Après une maladie de treize mois, madame Rutherford mourut en juin 1630 ; il n'y avait pas cinq ans qu'elle était unie à son époux. Il paraît que ses enfants la suivirent de près, de sorte que Rutherford resta seul pour déplorer les pertes qu'il venait de faire. Comme surcroît de douleurs, il avait été pris d'une fièvre violente même avant la mort de sa femme. Cette maladie qui dura treize semaines le rendit pendant quelque temps incapable de vaquer à ses fonctions, et il fallut l'assurance qu'il avait de la bonté de son Sauveur pour le soutenir et le consoler. Lady Kenmure, épouse de Gordon de Kenmure, récemment élevé à la dignité de pair, lui prodigua les marques les plus sincères de sympathie et d'affection chrétienne.

L'intimité qui existait entre Rutherford et la famille Kenmure avait eu de part et d'autre les meilleurs résultats spirituels. Lord Kenmure était redevable au ministre d'Anwoth de ses convictions religieuses, et sur son lit de mort il put confesser hautement le nom de Christ et la puissance de l'Evangile. A cette occasion M. Rutherford composa un poème élégiaque en vers latins, et plus tard, en 1649, il donna au public, dans un petit ouvrage, le récit des derniers moments de son protecteur et de son ami[a].

Rutherford prit plus que jamais un vif intérêt à l'état spirituel de lady Kenmure; il entretint avec elle une correspondance active sur des sujets religieux, et une des dernières lettres qu'il écrivit lui fut adressée.

L'histoire de la liberté de conscience au 17e siècle occuperait profitablement les loisirs d'un écrivain impartial et instruit. On y verrait à quel point ce grand principe était méconnu encore à l'époque dont nous parlons, et au sein de l'Angleterre protestante. Jacques Ier et Barclay, en discutant contre le cardinal Bellarmin, soutenaient moins les droits de l'individualité que l'autorité du souverain dans toute l'étendue de son royaume comme chef suprême de l'Église anglicane.

[On peut consulter là-dessus les deux ouvrages intitulés : *Traicté de la puissance du pape, savoir s'il a quelque droict, empire ou domination sur les rois et princes séculiers.* Traduit du latin de Guillaume Barclay, jurisconsulte. Pont-à-Mousson, 1611, in-12 ; et *Apologie pour le serment de fidélité que le sérénissime roi de la Grande-Bretagne requiert de tous ses sujets, tant ecclésiastiques que séculiers, etc.* In-12. Londres, 1609.]

---

a. *The last and heavenly speeches, and glorious departure of John Vincent Kenmure.*

Rutherford avait naturellement, par sa réputation et ses talents, une influence assez grande sur ses contemporains. Cette disposition même l'entraîna dans des difficultés à cause de son éloignement pour l'épiscopalisme. J'ai dit qu'Elisabeth, Jaques Ier et Charles Ier cherchèrent surtout à faire de la religion un ressort politique. Les non-conformistes opposèrent dès le commencement même une vigoureuse résistance. Lorsque Jacques Ier fut parvenu à la couronne, ils lui présentèrent une requête, signée de mille personnes, où ils demandaient quatre choses : 1° Que l'on abolît, dans le baptême, le signe de la croix, et les questions qu'on adresse à l'enfant ; que la confirmation fût détruite ; que les femmes ne pussent plus baptiser ; que l'on ne se servît plus des termes de *prêtre,* d'absolution, etc., ni d'anneau dans la célébration du mariage ; que l'on n'insistât plus sur le bonnet et le surplis ; sur l'observation des fêtes et sur la génuflexion au nom du Sauveur ; que l'on abrégeât le service de la liturgie, et que l'on rendît la musique de l'église plus propre à l'édification ; que l'on ne lût, dans le service divin, d'autres portions des Écritures que celles des livres canoniques, etc. ; 2° Que l'on obligeât les pasteurs à prêcher et à résider ; 3° Que l'on défendît la pluralité des bénéfices ; et 4° Que l'on corrigeât l'abus notoire des cours ecclésiastiques.

Par ordre du roi, et en sa présence, ces points furent agités dans une conférence solennelle à Hampton-Court en 1602. Ce n'était pas ce que les non-conformistes demandaient, prévoyant bien le danger et l'inutilité de ces disputes publiques. Mais le roi le voulait pour faire montre de son savoir, et tout s'y passa comme il le voulut, c'est-à-dire fort mal pour la religion protestante. Tout ce que les puritains y gagnèrent, c'est que l'administration du baptême fut restreinte à ceux qui étaient dans les ordres sacrés. Les épiscopaux y eurent plus d'avantage, quoique le prince fît mine d'abord de vouloir changer bien des choses. Il en fit tant de peur à l'archevêque Whitgift, que ce prélat en mourut de chagrin.

[Voy. *Bibliothèque anglaise, ou histoire littéraire de la Grande-Bretagne.* Tome 6e, 1719, in-12, à propos de l'ouvrage intitulé : *A vindication of the dissenters; in answer to Dr William Nichols defence of the doctrine and discipline of the Church of England,* by James Pierce. Voy. aussi Camden, *Ann Jac.* Il paraît que dans le premier discours que Jacques fit au parlement d'Angleterre, il lui échappa de dire que « l'Église de Rome est notre mère Église, quoiqu'un peu corrompue, et que, quant à lui, il ferait avec plaisir la moitié du chemin pour aller à la rencontre de cette église, sous condition que l'on renoncerait réciproquement à toutes les innovations, Calderwood, *Hist.* p. 478.]

Le monarque n'en poursuivait par moins la réalisation d'un système qui concentrait entre ses mains le pouvoir le plus absolu et qui doublait l'autorité royale.

Charles Ier monte sur le trône, la querelle devient plus sérieuse que jamais, et les puritains, qui jusqu'alors n'avaient paru se séparer de l'église anglicane que pour des causes que bien des gens trouvaient légères, firent voir que leurs plaintes étaient bien fondées, et leur oppression très injuste.

Ils s'étaient toujours plaints de ce que la réformation d'Angleterre laissait la porte ouverte au papisme, et ils auraient voulu qu'on la lui eût entièrement fermée, en corrigeant tous les abus qu'on en avait retenus plutôt par politique que par religion. Bien des gens sensés n'avaient point eu d'égard ni à ces cris, ni à ces représentations, tant qu'un soupçon si peu favorable à l'église d'Angleterre semblait destitué de fondement, ou combattu par les apparences. Mais ces gens sensés changèrent d'avis, lorsqu'ils virent le papisme inonder à grands flots tout le royaume, après la mort de Jacques Ier. L'ardeur incroyable que ce prince avait eue de marier son fils avec une Espagnole avait déjà répandu l'alarme dans la nation. Une Française, très fine et très bigote, y fit néanmoins tout autant de mal, et peut-être plus qu'une Infante d'Espagne n'en aurait pu faire. La discorde, à la vérité, l'avait devancée ; mais elle fit entrer avec elle la fureur du papisme qui voulait tout détruire, et le zèle du protestantisme qui ne voulait pas être détruit.

[Bibl. anglaise, *loco cit*. « On ne nie pas que l'église anglicane ne soit protestante et réformée, mais on lui trouve des restes de papisme que l'on souhaiterait n'y pas trouver. On lui trouve une conformité extérieure avec le papisme qui fait peine à des yeux délicats ; on trouve que ses conducteurs l'ont quelquefois menée si près du papisme qu'elle a failli s'y perdre ; on trouve qu'il y, a eu beaucoup de ses évêques et de ses docteurs, qui étaient attachés au papisme ou qui le favorisaient. On trouve enfin que, si ce reproche est mal fondé à quelques égards, les anglicans doivent pardonner quelque chose au ressentiment d'un parti piqué par les titres *odieux* qu'on lui donne, de fanatiques, de puritains, de gens pires que les papistes, de rebelles, de fauteurs du *judaïsme* et du *mahométisme*. »]

Deux hommes célèbres et dont la vie fut sacrifiée à leur parti encourageaient leur maître dans des dispositions qu'il eût probablement été trop faible pour poursuivre de son propre chef. Wentworth, surnommé à juste titre le Richelieu de l'Irlande, maintenait, l'épée à la main, l'autorité royale contre des sujets indisciplinés et peu convaincus ; puis il y avait Laud qui occupait le siège de Cantorbéry depuis 1633, à la place d'un prélat d'opinions calvinistes et entièrement dévoué, aux puritains. « Sévère dans ses mœurs, simple dans sa vie, le pouvoir inspirait à Laud, soit qu'il le servît ou l'excitât lui-même, un dévouement fanatique. Prescrire et punir, c'était à ses yeux établir l'ordre, et l'ordre lui semblait toujours la justice. Son activité était infatigable, mais étroite, violente et dure. Egalement incapable de ménager des intérêts et de respecter des droits, il poursuivait, tête baissée, les libertés et les abus, opposant aux uns une probité rigide, aux autres une aveugle animosité ; brusque et colère avec les courtisans comme avec les citoyens, ne recherchant nulle amitié, ne prévoyant et ne supportant nulle résistance, persuadé enfin que le pouvoir suffit à tout en des mains pures, et constamment en proie à quelque idée fixe qui le dominait avec l'emportement de la passion et l'autorité du devoir [a]. »

C'est d'après le conseil de Wentworth et de Laud que Charles Ier accomplit une série de mesures politico-religieuses dont la tyrannie est un triste contrepoids à l'hospitalité offerte aux réfugiés français lors de la révocation de l'édit de Nantes. Je renvoie à M. Guizot pour le détail de cette persécution, et je reviens à Rutherford, en remarquant combien le pouvoir s'aveuglait et à quelle extrémité de présomption il était parvenu, puisqu'on croyait tout simple de plier la constitution républicaine de l'église d'Ecosse aux lois et à la hiérarchie de l'épiscopat anglais.

C'était vouloir aller contre le courant. Le régime presbytérien avait toujours prévalu en Ecosse depuis la réformation ; il convenait mieux aux goûts du peuple, au caractère national, et si nous envisageons la question de la discipline ecclésiastique du point de vue où s'est placé récemment l'archevêque Whately [b], l'imposition par la force de tel ou tel système, de telle ou telle liturgie, nous paraîtra injustifiable.

On savait les opinions presbytériennes de Rutherford ; ce ministre ne cherchait même pas à les déguiser : au contraire, il les

---

a. Guizot, *Révolut. d'Angleterre*
b. *Royaume de Christ*.

proclamait hautement en toute rencontre. Cependant l'autorité n'y semblait pas faire attention ; quoique d'ordinaire fort prompte à punir de pareils exemples d'insubordination. Cela tenait-il à ce que M. Rutherford était M. Rutherford ; et de la part de tout autre, l'expression de sentiments anti-épiscopaux eût-elle été immédiatement comprimée ? Il est permis de croire aussi que la tolérance et l'esprit véritablement chrétien de l'évêque Lamb furent pour beaucoup dans la liberté dont le pasteur d'Anwoth jouit à cette époque. Quoi qu'il en soit, M. Rutherford profita de ce loisir pour publier, sur la question arminienne, un ouvrage qui le plaça bientôt au premier rang des théologiens calvinistes de l'époque. Il y avait déjà longtemps que la fameuse controverse entre Gomar et Arminius, occupait le clergé anglais. Elle était dans toute sa force quand Hugo Grotius fut nommé pensionnaire de Rotterdam et qu'il eut ordre d'aller en Angleterre. On croit que des instructions secrètes dont il était porteur l'autorisaient à rendre le roi et les principaux théologiens du royaume favorables aux arminiens. Jacques Ier, l'archevêque de Cantorbéry, les évêques convinrent que la doctrine d'Arminius était orthodoxe, et également éloignée du manichéisme et du pélagianisme. La seule chose qui faisait de la peine au roi, c'était de voir que le magistrat s'attribuât le droit de faire des décrets sur des matières qui appartenaient à la foi.

M. Hallam a très bien indiqué [a] les causes qui prédisposèrent l'église anglicane à recevoir et à appuyer la théologie de ce que l'on appelait les Remontrants. Elle était favorable aux études patristiques et à une tendance intellectuelle qui caractérisait autrefois, comme elle le fait encore aujourd'hui, le haut clergé (*high church*). More, Cudworth, Whichcot, Tillotson, Stillingfleet brillèrent parmi les

---

a. *Literature of Europe.*

arminiens anglais; les non-conformistes, au contraire, partageaient les opinions de Calvin et les soutenaient avec un égal talent. On s'accorde à reconnaître, dans l'ouvrage publié par Rutherford sur ce point particulier, beaucoup de logique et de verve. Sa réputation ne fit que s'accroître. M. Glendinning, ministre de Kirkcudbright, ville du voisinage, se trouvant hors d'état de vaquer à ses devoirs à cause des infirmités et de son grand âge, le pasteur d'Anwoth fut sollicité de le remplacer. Il refusa positivement. « Les habitants de Kirkcudbright, écrivait-il, me pressent de venir travailler au milieu d'eux. Si le Seigneur m'appelle, et que son peuple crie, qui suis-je pour résister à une telle requête ? Mais sans une mission visible, et à moins que le troupeau dont je suis le conducteur puisse être remis à un pasteur à qui je ne craindrais pas de confier l'épouse de Christ, je ne me laisserai, j'espère, délier de mes obligations, ni par l'or, ni par l'argent, ni par la faveur des hommes. »

Quelque attaché que fût M. Rutherford à sa paroisse d'Anwoth, il se vit obligé de l'abandonner pour un certain temps, sous une de ces mystérieuses dispensations de la Providence dont l'expérience humaine offre tant d'exemples. En 1634, l'évêque Lamb étant mort, on le remplaça par Thomas Sydserff, évêque de Brechin, homme de la trempe de Laud, intolérant et fanatique soutien de l'épiscopalisme. Le nouveau diocésain de Galloway n'eut pas plutôt pris possession de son siège qu'il adopta les mesures les plus arbitraires et les plus injustes. Il résolut d'opprimer les ministres presbytériens de toutes les façons : M. Robert Glendinning, ministre de la paroisse de Kirkcudbright, et dont nous avons déjà eu occasion de parler ci-dessus, fut une des premières victimes de la tyrannie du Dr Sydserff. Ce vieillard de quatre-vingts ans avait refusé à un ecclésiastique envoyé par l'évêque, la faculté d'officier dans l'église de sa paroisse. On le suspendit de ses fonctions, mais les magistrats prirent fait et cause pour lui, et en dépit de l'autorité il voyait accourir à ses sermons presque tous les membres de son ancien troupeau. Là-dessus arrive un ordre d'emprisonner M. Glendinning : le fils de ce vénérable serviteur de Dieu, qui faisait partie du corps municipal, refuse de mettre l'arrêt à exécution. Ses collègues suivent son exemple ; il est procédé contre la magistrature elle-même, et les autorités récalcitrantes sont incarcérées dans la prison de Wigtown. Sydserff avait institué une cour spéciale chargée de juger tous les pasteurs suspectés de non-conformité. M. Rutherford y fut appelé en 1636, et une sentence de ce nouveau tribunal le déclara déchu de ses fonctions ecclésiastiques. De Wigtown, Rutherford dut aller à Edimbourg voir confirmer le jugement rendu contre lui. Ce procès dura trois jours ; les accusations les plus absurdes étaient réunies dans le dessein évident de jeter sur le ministre d'Anwoth la haine et le mépris. Il les repoussa victorieusement, mais, accablé sous l'influence de ses ennemis, il se voyait pour ainsi dire condamné d'avance ; on lui enleva en effet sa paroisse, et on lui assigna comme résidence la ville d'Aberdeen où il serait obligé de demeurer aussi longtemps que cela conviendrait au bon plaisir du roi.

Cette sentence était injuste et sévère ; cependant elle n'arracha pas un murmure au serviteur de Christ. Ainsi que le grand apôtre des Gentils, au contraire, il semblait se glorifier dans le sein de la tribulation. « Je me rends, disait-il, au palais de mon roi, séant à Aberdeen. Rien ne peut exprimer ma joie. » Comme on ne lui avait accordé que fort peu de temps entre le prononcé du jugement et sa mise à exécution, il ne put pas retourner dans le Galloway pour prendre congé de ses amis. En route, il alla faire visite au Rév. David Dickson, ministre d'Irvine, homme de grand talent et d'une piété reconnue, qui occupa plus tard avec le plus grand succès la chaire de théologie d'Edimbourg.

Nous pouvons nous représenter ces deux ministres du Seigneur se retrouvant au milieu de circonstances difficiles de l'époque, s'entretenant des espérances de leur parti, s'encourageant et se fortifiant contre les dispensations que la Providence divine leur réservait.

C'est du fond de la prison d'Aberdeen que Rutherford écrivit ses lettres les plus remarquables, et nous voyons en les parcourant combien il trouvait de consolation dans la ferme et simple assurance qu'il avait en la miséricorde de son Sauveur. Cette incarcération dura plus d'un an et demi ; au bout de ce temps, ayant appris que le Conseil privé ne jugeait pas à propos de ratifier les décisions de la Commission arbitrairement établie en Ecosse, il quitta Aberdeen, et revint prendre la direction de son troupeau.

L'horizon s'assombrissait de plus en plus ; imprudent et entêté, Laud s'imaginait voir bientôt tout céder à ses désirs, et il croyait aussi facile d'obliger les Ecossais à l'usage du livre de *Prières communes* qu'il l'est à un pape de prescrire telle ou telle règle de foi. La tentative lui coûta cher ; on sait l'émeute qui eut lieu dans l'église des Frères gris d'Edimbourg. Les pétitions se signèrent partout contre les innovations du prélat et du gouvernement ; Charles, avec son obstination caractéristique, refusa de les prendre en considération : c'était irriter les esprits sans aucun résultat, et ajouter à la violence de l'incendie. Les Ecossais renouvelèrent le *Covenant,* et avant la fin d'avril 1638, la grande majorité des protestants de ce pays s'étaient liés ensemble contre leur souverain.

Le cardinal de Richelieu soutenait secrètement les Covenantaires, ainsi qu'on peut s'en convaincre en lisant les mémoires du comte d'Estrades (La Haie, 1719). Voyez entre autres la lettre du 2 décembre 1637. « Je profiterai de l'avis que vous me donnez pour l'Ecosse, écrit Richelieu, et ferai partir l'abbé Chambre mon aumônier, qui est Ecossais de nation, pour aller à Edimbourg attendre les deux personnes que vous me nommez, pour lier quelque négociation avec eux. L'année ne se passera pas, que le Roi et la Reine d'Angleterre ne se repentent d'avoir refusé les offres que vous leur avez faites de la part du Roi. »

Le tort capital du roi fut de commencer toujours par l'opiniâtreté et de finir par la faiblesse. Ici encore, voyant que les covenantaires devenaient dangereux, il crut nécessaire de négocier, et il dépêcha le marquis d'Hamilton en qualité de commissaire royal pour amuser les Ecossais tandis qu'il faisait marcher contre eux un corps d'armée. Enfin une assemblée se réunit à Glasgow, afin de s'occuper des querelles ecclésiastiques, et le roi en termes très ambigus, promit de maintenir ses sujets d'Ecosse dans l'exercice consciencieux de leur discipline habituelle. Malheureusement il s'agissait aussi dans ce synode d'abroger la liturgie anglicane en tant qu'appliquée aux pays situés au nord de la Tweed ; dès que les orateurs commencèrent leurs accusations contre les prélats et contre Laud, le représentant du roi prononça la dissolution de l'assemblée et leva immédiatement la séance. Peine inutile ! les députés se déclarèrent compétents pour discuter les questions qui leur avaient été soumises, et avant de se séparer ils renversèrent l'édifice mal établi de l'épiscopalisme en Ecosse. Rutherford assistait à ce synode de Glasgow ; il y rendit compte des persécutions dont il s'était vu frappé, et y témoigna (un peu trop violemment) contre le prélatisme et l'érastianisme. On le nomma professeur de théologie à l'Université de Saint-André, poste où il laissa les souvenirs de piété et de talent qui le rendaient encore si cher à son ancien troupeau d'Anwoth.

Hélas ! pourquoi faut-il que le choix entre les divers partis soit si difficile, et que l'excès de tyrannie ne produise souvent qu'une proportion égale d'arbitraire dans un sens opposé ! C'est ce que nous prouve surabondamment l'histoire de la révolution d'Angleterre. Lorsque le parlement eut arraché des mains du roi l'arme si funeste de la prérogative et du pouvoir absolu, il dépassa le but, et les presbytériens s'exposèrent, eux aussi, à l'indignation éternelle des vrais amis de la liberté. C'était une oligarchie remplaçant une monarchie ; c'était, sous un autre nom, la chambre étoilée et la commission inquisitoriale. On regrette de voir des hommes du caractère de Rutherford ergoter contre la liberté de conscience ; mais nous ne devons rien taire et les diamants de la plus belle eau ont souvent leurs taches.

La dernière fois que nous rencontrons Rutherford, c'est sur son lit de mort. Il avait publié en 1643, à Londres, un ouvrage dont le titre (*Lex rex*) indique assez les vues politiques de l'auteur. Lors de la Restauration, et quand Charles II eut commencé contre les non-conformistes son système de réactions sanglantes, le livre de Rutherford fut publiquement brûlé à Edimbourg et à Saint-André par la main du bourreau, tandis que la vengeance du souverain lança contre le professeur de théologie une accusation de crime de haute trahison. Mais il était trop tard ; quand l'arrêt parvint à Saint-André, Rutherford expirait, pour ainsi dire ; il s'endormit au Seigneur le 19 mars 1661.

Rutherford composa un grand nombre d'ouvrages presque tous oubliés aujourd'hui, excepté ses lettres dont un choix est maintenant offert à l'appréciation du public français. La collection originale comprend trois cent cinquante-deux lettres écrites du style imagé et nerveux des théologiens de ce temps-là, et qui ont toujours été regardées comme un excellent livre d'édification.

Gustave Masson

A une mère chrétienne

Sur la mort de sa fille.

Anwoth, 23 avril 1629

Mon affection chrétienne ne vous perd pas de vue, Madame ; j'ai regretté de me séparer de vous en vous laissant sous le poids de la perte de votre fille. Cependant je suis assuré que vous avez remis sur votre puissant Sauveur la partie la plus lourde de la croix qui repose sur vous. Esaïe a dit : « Dans toutes nos afflictions le Seigneur est affligé avec nous » (Esa.53.9). Béni soit-Il de vouloir bien souffrir avec nous ! Heureuse est votre âme de marcher dans la fournaise ardente, avec Celui qui est tout à la fois le Fils de l'homme et le Fils de Dieu. Courage donc, relevez-vous et tenez-vous pour certaine qu'il vous soutiendra avec votre fardeau ! Encore un peu de temps, et vous verrez le salut de Dieu (Psa.55.22). Rappelez-vous l'âge de votre fille. Quelle qu'en ait été la durée, c'est un prêt qui lui a été confié. Etait-ce dix-huit, dix-neuf, vingt années ?… Le terme était échu, et vous ne devez pas murmurer de ce que votre Maître a pris ce qui Lui appartenait, pas plus que ne doit le faire le fermier dont le bail est arrivé à terme, lorsque son seigneur reprend sous sa propre direction, soit une partie, soit toutes ses terres.

Chère Madame, vous vous désoleriez si Christ vous enlevait l'héritage céleste qu'Il vous a acquis par sa mort ; de son côté Christ ne serait-Il pas affligé si vous Lui refusiez le don volontaire de votre fille ? Ne fait-elle pas partie de l'héritage qu'Il a conquis avec son propre sang ? Je prie le Seigneur de vous donner tout ce qu'Il possède, et de vous faire la grâce que, de votre côté, vous Lui abandonniez tout ce qui Lui revient. Mauvais est le débiteur qui paie sa dette en murmurant. En vérité, le long prêt d'une fille si bonne et, autant que j'en puis juger, héritière de la grâce de Christ, méritait plus de reconnaissance de votre part, et plus de soumission lorsque cette jeune âme vous est redemandée. Hé quoi ! vous murmurez lorsque le Seigneur vous redemande ce qui Lui appartient ? Que penseriez-vous d'un homme qui vous rendrait ainsi l'argent que vous lui auriez prêté ? La croyez-vous donc perdue, parce qu'elle dort en paix dans les bras du Tout-Puissant ? Celle qui est reçue dans la main d'un semblable Ami, celle que Christ a recueillie, serait-elle perdue pour vous ? Si, vous ayant quittée pour aller rejoindre une amie bien chère, lors même que nous ne la dussions plus voir, vous n'auriez point d'inquiétude à son sujet, eh bien ! n'est-elle pas avec un Ami bien-aimé ? la place qu'elle occupe n'est-elle pas plus élevée ? n'avez-vous pas une espérance certaine de la revoir au jour de la résurrection, revêtue d'un corps qui ne sera ni souffrant ni altéré ? — Vous ne supporteriez pas d'être ou seulement de passer pour athée, et saint Paul dit aux Thessaloniciens : « Que ceux-là le sont qui s'affligent excessivement pour les morts » (1Thess.4.13). Si je parle ainsi, c'est que je crains votre faiblesse ; votre fille était une partie de vous-même, et votre cœur se sent comme brisé de cette perte. Vous ne pouvez pas, sans doute, ne pas être affligée, mais vous avez aussi de quoi vous réjouir de ce que cette partie de vous-même est déjà glorifiée dans les cieux, tandis que l'autre végète encore ici-bas.

C'est notre égoïsme qui nous fait pleurer ceux qui meurent au Seigneur, car ce n'est pas leur sort que nous déplorons, puisqu'ils n'ont connu le vrai bonheur qu'après leur mort ; c'est donc sur nous uniquement que nous versons des larmes. — Prenez garde qu'en menant deuil sur la mort de votre fille, ce ne soit votre égoïsme particulier qui vous y entraîne.

Examinez ce qu'a fait le Seigneur. Votre fille est un tison arraché du feu, elle jouit du repos dont elle était privée, et vous, vous voilà délaissée au sein de l'épreuve dans la fournaise, et ce n'est qu'au travers des flammes que vous atteindrez le lieu du repos. N'oubliez pas que l'œil de Dieu est sur le buisson ardent et il ne se consume point. Il se réjouit de voir une faible femme, telle que vous, repousser les attaques de Satan. Quand vous vous sentez faible, demandez à Dieu la force de résister au lion rugissant. Faibliriez-vous à l'heure de l'adversité ? Souvenez-vous des jours d'autrefois, le Seigneur est vivant ; ne craignez pas alors même qu'Il vous tuerait. La foi, pleine de charité, ne suppose jamais de mal dans la volonté divine. Le Seigneur s'est mis dans un des côtés de la balance avec votre conscience, et de l'autre se trouve votre amour maternel. De quel côté voulez-vous qu'elle baisse ? Soyez donc sage. Si, comme je le crois, vous aimez Christ plus qu'une créature pécheresse, bénissez la main du Seigneur qui vous a séparée de votre fille. Les jardiniers taillent les arbres pour qu'ils lancent des jets plus radieux ; le Seigneur a fait de même à votre égard, Il a émondé l'arbre de votre famille en vous retranchant plusieurs enfants, et vous finirez par vous élever comme un des cèdres du Seigneur ; votre cœur sera mis au large auprès de Christ à la droite du Père. Que reste-t-il à faire quand les branches ont été coupées ? Le tronc doit l'être aussi en son temps.

Préparez-vous, vous êtes plus près de votre fille que vous ne l'étiez hier. Tandis que vous passez votre temps à la pleurer, vous êtes rapidement entraînée après elle. Suivez votre route avec patience. Laissez à Dieu ce qui Lui appartient, et à la place de la fille qu'Il a prise, recevez ce don de la foi qui est la patience. Que votre âme en soit donc remplie ; que votre cœur se relève, car vous ne savez pas si vous êtes près de l'heure de la Rédemption. En vous recommandant ainsi au Seigneur, qui seul peut vous calmer, je demeure votre ami bien affectionné en Jésus.

S. R.

A LADY KENMURE

Soumission. Mort spirituelle.
Crainte de la mort dans la maladie.

Anwoth, 27 juillet 1628

Madame,

En vous exprimant toute ma respectueuse soumission en Jésus notre Seigneur, je viens vous dire que j'ai appris avec peine les infirmités et la maladie de votre seigneurie. J'espère toutefois que dans toutes ces épreuves vous reconnaîtrez la volonté de Dieu et que vous serez disposée à Le laisser agir selon qu'Il le jugera bon. Que d'années se sont écoulées depuis que les anges rebelles se sont demandé si c'était *leur* volonté propre ou celle de leur Créateur, qui devait être exécutée ! Dès lors jusqu'à maintenant, l'humanité, faisant cause commune avec eux, plaide contre Dieu, en murmurant chaque jour contre sa volonté. Mais le Seigneur, en sa double qualité de juge et partie, a prononcé cette sentence : « Mon conseil tiendra et j'exécuterai toute ma volonté » (Esaïe.46.10). Selon l'obéissance de la foi et dans une sainte soumission, pour notre plus grand bien, il faut nous abandonner aux lois du Tout-Puissant. Ainsi, chère Madame, dans quelque état que vous vous trouviez, le Seigneur veut que vous disiez : « Que ta volonté soit faite sur la terre comme au ciel. » Ne vous réjouirez-vous point en sentant que Celui qui connaît tous vos maux, toute votre faiblesse naturelle, donne à votre âme ce qui lui convient le mieux, et que c'est de sa propre main que cette coupe d'affliction vous est versée ? Ne supposez jamais que votre tendre et compatissant Sauveur, qui connaît votre tempérament, mêle le moindre poison au breuvage qui vous est offert. Epuisez cette coupe avec la patience des saints, et le Dieu de toute bonté bénira lui-même ce breuvage amer. Votre seigneurie se plaint aussi d'une mortelle langueur spirituelle et d'un relâchement d'amour pour Dieu. Prenez courage. Celui qui parcourait le jardin d'Eden avec grand bruit pour qu'Adam ouît sa voix, viendra aussi se faire entendre à votre âme, il vous adressera de douces paroles. Il se peut que le bruit de ses pas ne parvienne pas toujours jusqu'à vous ; en cela, vous ressemblez à Jacob pleurant Joseph tandis que Joseph vivait encore. L'image du second Adam vit en vous, et cependant vous pleurez la mort supposée de Christ qui est en vous ; Ephraïm se lamentait et pleurait (Jér.31.18) quand il croyait que Dieu s'était éloigné et ne l'entendait plus, et cependant Dieu est comme l'Époux « qui se tient derrière la muraille » (Cant.2.9). » « J'ai certainement entendu la plainte d'Ephraïm, » dit-Il au verset 18 de Jérémie. Jésus-Christ, que vous cherchez dans les forêts et les montagnes, est près de vous, Madame. Si je parle ainsi, ce n'est point pour vous engager à ne plus vous inquiéter d'aucune chose, ni pour vous porter à ne pas craindre l'éloignement de votre Sauveur, et le provoquer à jalousie par quelque péché : au contraire, c'est pour fortifier en vous le désir de marcher courageusement en avant.

Je sais par ma propre expérience que le diable viendra, parce qu'il se montre partout où il y a une bonne œuvre de faite, et il dira :

Tu m'appartiens à moitié déjà, puis il cherchera à vous endormir jusqu'à ce que Celui qui aime votre âme, ne pouvant plus se faire entendre, quitte la partie et se retire. L'amour du Saint-Esprit est de tenir votre âme fixée sur une ligne lumineuse entre cette confiance entière qui ne se trouve qu'en Christ, et ce sommeil languissant d'une sécurité toute charnelle.

Chère Madame, ne comptez donc pas trop sur vous-même ; vous êtes faible et misérable, mais attendez tout de Dieu à cause de son inaltérable miséricorde, toujours la même en tout temps.

Beaucoup de chrétiens sont semblables à ces navigateurs, novices encore, qui s'imaginent que la terre-ferme et les îles fuient derrière eux, tandis que le navire les emporte. Plusieurs aussi pensent que Dieu lève l'ancre et change de place, lorsque leur âme s'agite et obéit au souffle de leurs passions ; « toutefois le fondement du Seigneur demeure ferme » (2Tim.2.19). Dieu sait si vous êtes à Lui. Luttez donc, combattez, avancez, craignez, croyez, priez, et vous aurez en vous les signes infaillibles des élus de Christ.

Vous redoutez les approches d'une maladie qui sera peut-être suivie de la mort. Préparez-vous pour ce voyage, Madame. Dieu vous donne des yeux pour vous guider pendant ces temps solennels et vous laisser entrevoir quelque chose au delà du tombeau. Si l'enfer, semblable à un fleuve, coulait entre nous et Jésus, je ne doute pas que, pour rejoindre votre Sauveur, vous ne le franchissiez courageusement, espérant que Jésus viendrait au plus profond des eaux vous tendre la main. Eh bien, cette rivière n'existe pas pour vous ; il ne vous reste plus qu'à franchir deux courants, la maladie et la mort. En outre, vous avez la promesse que Christ fera plus que de venir au-devant de vous, Il marchera à vos côtés, Il vous portera dans ses bras en tous lieux. Oh ! quelle joie pour vous ! Quel amour que celui de cet homme « qui est Dieu béni éternellement ; » qui se tient sur la rive du port, qui nous y attend et qui nous encourage à poursuivre notre course ! Le Seigneur est avec vous, Madame. Dieu ne permet à aucun de ses serviteurs de changer leur position contre une moins bonne. La mort en elle-même signifie celle de l'âme et du corps, mais, quant aux enfants de Dieu, ses limites sont resserrées dans un espace fort étroit. Ainsi, quand vous mourrez, ce ne sera que la moindre partie de vous-même qui périra, votre corps seul sera abandonné à la dissolution. Car en Christ vous êtes délivrée de la mort seconde ; née de Dieu, vous ne pouvez plus pécher, bien que le péché soit lié à cette vie ; le *serpent* ne dévorera que votre partie terrestre. Votre âme est en dehors des lois de la mort ; mais c'est chose à la fois dangereuse et redoutable que d'être le serviteur du péché, car il ne vous rend pas propre à comparaître devant Dieu, à moins que Christ ne réponde et ne paie pour vous.

J'aime à croire, Madame, que vous ne vous lassez point de représenter au Seigneur l'état de cette pauvre église. Dieu sait ce que le Parlement décidera à son égard, mais ce que je sais bien, c'est que les décrets d'un parlement bien autrement puissant dans les cieux vont fondre sur la terre. Nous avons rejeté la loi de Dieu, nous avons méprisé la Parole du Saint d'Israël (Esaïe.5.24). « C'est pourquoi le jugement s'est éloigné et la justice s'est tenue loin ; car la vérité est tombée dans les rues et la droiture n'y a pu entrer » (Esaïe.59.14). Ne semblerait-il pas que le Prophète ait désigné notre paroisse en déclarant que la justice s'était tenue éloignée et que la droiture ne pouvait pénétrer dans nos rues, comme si elle en eût été bannie ? il compare la vérité à une personne mourante que le mal a saisie tout à coup dans la rue, avant qu'elle pût rentrer chez elle. Je ne vous fatigue pas davantage, Madame, et je termine en vous plaçant sous la grâce et la miséricorde de ce Dieu qui vous soutiendra alors même que vous succomberiez. Veuille le Seigneur Jésus se tenir près de votre âme!

S. R.

A Lady Kenmure

Sur la mort d'une de ses filles.

Anwoth, 15 juillet 1629

Madame,

Que la grâce et la miséricorde de Dieu notre Père et de notre Seigneur Jésus-Christ puissent abonder dans ces lignes que je vous adresse. J'ai éprouvé du chagrin d'être obligé de partir en laissant votre seigneurie dans la douleur, j'en éprouverais bien davantage si je n'étais assuré que vous n'êtes pas seule dans la fournaise et qu'il s'y trouve un visage qui ressemble à celui du Fils de Dieu.

Il vous est bon d'avoir appris dès votre jeunesse à lutter avec Dieu, et à vous soumettre au feu de la fournaise. Si vous lui étiez moins chère, Il ne vous eût point fait boire à tant de coupes amères. Les frères et les sœurs de Christ doivent tous lui être rendus semblables par la souffrance (Rom.8.17). Il en est qui, plus que d'autres, approchent du divin modèle. Faites-y attention, Madame, une portion de la gloire qui vous est réservée est de faire partie de ceux qui apparurent à saint Jean, « venant de la grande tribulation, et dont les robes avaient été lavées et blanchies dans le sang de l'Agneau »

(Apoc.7.17). Voyez, Celui qui vous a précédée est sorti du monde couvert de sang. Ce ne peut être un mal de mourir comme Lui. Portez donc avec joie dans votre corps le reste des afflictions de Christ.

Vous avez perdu une enfant..., que dis-je, elle n'est pas perdue pour vous, puisqu'elle a trouvé Jésus. Elle n'est pas égarée, elle n'a fait que vous précéder. Semblable à ces étoiles qui s'éclipsent à nos regards et vont illuminer un autre hémisphère, vous ne la voyez plus alors même qu'elle brille ailleurs. Le temps lui a fait défaut, et vous devez vous réjouir de ce que maintenant votre trésor est dans le ciel. Ne bâtissez votre nid sur aucun arbre ici-bas, car Dieu les a tous vendus à la mort. Ceux sous lesquels nous voudrions prendre un peu de repos vont être renversés. Il nous faudrait les quitter les uns après les autres, et monter enfin sur quelque rocher pour y placer notre habitation. Tout ce que vous aimez en dehors de Jésus, votre époux, est un amour en quelque sorte illégitime. C'est une bénédiction spéciale de Dieu de n'avoir pas laissé Juda suivre sa route. « C'est pourquoi voici, je boucherai ton chemin avec des épines, et je ferai une cloison de pierres, tellement qu'elle ne trouvera point ses sentiers, elle poursuivra donc ceux qu'elle aime, mais elle ne les atteindra point » (Osée.2.6-7). Trois fois heureux Juda, que Dieu ait élevé une barrière entre toi et le feu de l'enfer ! Le monde et les choses du monde sont ceux que vous aimez en dehors de Christ, l'époux de votre âme. Les ronces et les épines que Dieu place sur votre route pour vous empêcher d'atteindre ceux que vous aimez, sont les blessures douloureuses que vous cause la perte de vos enfants ; ce sont vos maladies, les misères du temps, l'incertitude de la fortune, l'absence de bien-être temporel, la crainte de la colère de Dieu pour d'anciens péchés dont on ne s'est point encore repenti. Vous plaindriez-vous de ce que Dieu ait assez garni la haie pour que la route ancienne ne fût plus visible ?

Revenez sans retard à votre premier Ami ; ne pensez pas que la mort tarde beaucoup à arriver. Il faut que le fruit mûrisse avant de tomber. Vos jours ne sont pas plus longs que ceux de Job qui s'enfuyaient « plus vite qu'un courrier, ils ont passé avec la même vitesse qu'une barque de poste, comme un aigle qui vole après la proie » (Job.9.25-26). Il y a moins de sable dans votre clepsydre qu'il n'y en avait hier. Bientôt vous aurez achevé de mesurer la durée du temps ; mais ce dont vous n'apercevrez jamais la fin, c'est la miséricorde divine. Plus vous la voudrez calculer, moins vous en atteindrez les bornes. Le Seigneur vous a tracé votre route. « Attends, et tiens-toi prêt, dit saint Pierre, » pour l'avènement du Seigneur. Comme l'onde suit l'onde qui la précède, chaque misère appelle une autre misère. Soupirez donc en attendant l'aurore de cette matinée qui amènera le Fils de l'homme, lorsque les ombres de la nuit s'évanouiront. Assurez-vous alors de l'arrivée du Roi, lisez la lettre qui l'a précédé. « Je viens bientôt » (Apoc.3.11), dit-Il. Attendez avec l'impatience de la sentinelle qui veille au milieu de la nuit, épiant la première lueur que l'Orient fait éclore, et dites-vous bien qu'ici il n'y aura plus de lendemain. Je crains de vous avoir fatiguée : encore un mot, prouvez qu'une chrétienne sait souffrir sans murmurer, « il y en eut quatorze mille sept cents qui moururent de cette plaie » (Nomb.16.49). Possédez votre âme par la patience. Celui qui gagne Christ ne perd rien. Je vous recommande à la grâce et à la miséricorde de notre Seigneur Jésus, en vous assurant que Dieu sera avec vous quand votre jour viendra. Veuille le Saint-Esprit être avec vous.

A Lady Kenmure

Sérieuse recherche du salut.

Anwoth, 1ᵉʳ février 1630

Madame,

Depuis longtemps je désire savoir quelles sont vos dispositions spirituelles, et si vous croissez dans la grâce ? Je vous en prie, écrivez-moi deux lignes à ce sujet. Je sais que le sentier de vos pas est difficile, et que vous êtes chargée d'une lourde croix ; mais s'il en était autrement, c'est alors que vous devriez vous inquiéter, car votre route ne serait plus semblable à celle dont parle le Seigneur, laquelle conduit à la nouvelle Jérusalem. Si Dieu vous a donné de chercher le Saint-Esprit comme un acompte de la somme payée par lui, vous devez vous en réjouir, car notre Seigneur ne se repent point de ce qu'Il a fait. Si parfois vous êtes affamée de voir Dieu, soyez assurée que vous le contemplerez un jour et qu'il vous sera dit : « Sois la bienvenue, âme affligée ! » Tels sont les dons du Seigneur, le cœur en tressaille de joie, car ils sont la preuve que rien ne pourra rompre le marché conclu avec Lui.

Quand le Seigneur nous visite, Il parle au cœur avec la simplicité de l'Évangile. Ma plume ni ma langue ne sauraient exprimer le bonheur de ceux qui sont en Christ. Quand vous aurez vendu tout ce que vous possédez et acheté le champ où cette perle est cachée, vous ne vous plaindrez pas d'avoir fait un mauvais marché. Car, si vous êtes à Lui, tout ce qu'Il possède est à vous, puisqu'Il dit : « Vous vivrez aussi » (Jean.14.19). Que signifient ces paroles, sinon que le Fils ne veut le ciel qu'à la condition que ses rachetés y seront avec Lui. Eux et moi ne pouvons être séparés : « Demeurez en moi et je demeurerai en vous » (Jean.15.4). O douce communion, quand nous ne serons plus qu'un avec Christ ! « Père, mon désir est que là où je suis, ceux que tu m'as donnés y soient aussi » (Jean.17.24). Amen, cher Jésus, qu'il en soit comme tu l'as dit.

Que sont quelques années de souffrance en comparaison de promesses si glorieuses ? Sont-ils dignes de Jésus ceux qui ne les reçoivent pas ? Serions-nous aussi absurdes que cet homme qui, lisant l'ouvrage de Platon sur l'immortalité de l'âme, croyait, aussi longtemps que le livre était dans sa main, que l'âme était véritablement immortelle ; mais aussitôt qu'il avait déposé l'ouvrage, l'âme ne lui semblait plus qu'une vapeur prête à se dissoudre dans l'air avec le dernier soupir du moment. Ainsi faisons-nous des précieuses promesses de Dieu. Dès que nous fermons sa Parole, nous remettons tout en question. La foi consiste à croire sans avoir vu et à maintenir son cœur dans cette direction. Si le doute nous aborde, prenons la loi et les témoignages, et ne sortons pas de là. Croyez-moi, Madame, tenez-vous-en au Testament de votre Père, lisez-le, Il vous a légué la rémission de vos péchés et la vie éternelle ; que vous faut-il de plus ?

Si vous ne trouvez ici-bas que des inquiétudes, des revers, de fréquents abandons et parfois l'absence du Seigneur, « prenez courage, la fin de tout cela est pour votre plus grand bien » (Deut.8.16),

« et dans le but de vous mettre en repos en vous sortant des jours de l'adversité » (Psa.94.13). « Il est bon à l'homme de porter le joug dès sa jeunesse » (Lam.3.27). « Retournez à vos places fortes, vous, captifs, qui avez de l'espérance » (Zach.9.12), « car la vision est encore différée jusqu'à un temps déterminé ; elle se manifestera à la fin et elle ne trompera point. S'Il diffère, attends-Le, car Il viendra certainement » (Habacuc.2.3). « Ne l'entendez-vous pas, Il vous dit : Va, mon peuple, entre dans tes cabinets et ferme ta porte sur toi, cache-toi pour un petit moment jusqu'à ce que l'indignation soit passée » (Esaïe.26.20). Croyez, croyez donc et soyez sauvée. Ne considérez pas comme chose pénible de ne point faire votre volonté. N'attachez votre cœur à rien en ce monde, Dieu veut que vous ne vous réjouissiez qu'en Lui seul. « Dieu vous préserve de vous glorifier en aucune autre chose qu'en la croix de Jésus-Christ notre Seigneur » (Galates.6.14).

S. R.

A LADY KENMURE

Conformité des souffrances du disciple avec celles de son Maître. Consolations dans la souffrance. Mort de Mme Rutherford.

Anwoth, 26 juin 1630

Que la grâce, la paix et la miséricorde vous soient abondamment multipliées. Votre lettre respire un parfum de communauté avec les souffrances du fils de Dieu. Vous ne pouvez et ne devez pas avoir une condition plus facile que celle de l'Auteur du salut.

Dieu, demanderez-vous, ne pourrait-il pas nous conduire au ciel par une route douce et aisée ? Sans aucun doute, mais dans sa sagesse infinie Il a décrété le contraire. Le motif en est sage, bien que nous ne le connaissions pas. Nos yeux n'ont jamais vu notre âme, cependant nous avons une âme. Nous apercevons beaucoup de rivières, mais leur source où est-elle ? Quelle fontaine les alimente ? Cependant il n'en est pas une qui n'ait la sienne. Quand vous serez de l'autre côté du fleuve, Madame, quand vous aurez abordé au port éternel et que vous vous prendrez à considérer le fatigant voyage que vous venez d'accomplir, et la gloire sans borne qui se puise dans la sagesse divine, vous serez forcée de vous écrier : « Si Dieu en avait agi autrement, je n'aurais jamais porté cette couronne immortelle. » Votre œuvre actuelle est de croire, de souffrir, d'espérer et d'attendre. Je proteste en présence de l'œil qui sonde tout, qui voit ce que je pense et ce que j'écris, que je n'aurais pas besoin de faire la douce expérience des consolations de Dieu si je n'avais connu l'amertume des afflictions. Qu'importe qu'Il apporte une verge ou une couronne, s'Il vient Lui-même ? O Jésus ! ô toi qui es toujours le bienvenu, quand nous t'apercevons nous n'avons plus de souhaits à former. La maladie nous est douce si Christ, écartant le rideau du lit, vient nous dire Lui-même : « Courage, je te sauverai. » Vaudrait-il mieux jouir de la santé et de la force, mais être privé de la présence du Seigneur ? Chère Madame, combattez avec l'aide de Christ, remportez la victoire ; seule aujourd'hui, demain vous aurez peut-être l'appui du Père, du Fils et du Saint-Esprit. J'aime à croire qu'Il est vôtre. Il est vrai que vous êtes privée des secours d'un ministre fidèle. Israël captif était dans la même position, et voyez quelle promesse lui était faite : « Ainsi a dit le Seigneur l'Éternel : Quoique je les aie exilés parmi les nations, et que je les aie dispersés parmi les pays, je leur ferai comme un petit sanctuaire dans le pays où ils sont allés » (Ézech.11.16). Un sanctuaire, est-il dit, et quel sanctuaire ? Dieu lui-même à la place du temple de Jérusalem ! J'espère que Dieu mettra ce temple en vous et que vous verrez la beauté de Jéhova dans sa maison…

Après une longue et douloureuse maladie qui a duré près de treize mois, ma femme a quitté cette vie. Le Seigneur l'a voulu, que son nom soit béni. Quant à moi, depuis trois mois je suis brisé par la fièvre, si souffrant et si affaibli que ce n'est qu'avec beaucoup de peine que je prêche une seule fois le dimanche : je ne puis ni visiter mon troupeau, ni m'en occuper.

Que l'Esprit du Seigneur soit avec vous.

A Marion Maknought

Consolation des chrétiens envers leurs ennemis.

Anwoth, 13 janvier 1631

Chère et bien-aimée sœur,

Depuis que je vous ai quittée, j'ai pensé à l'orgueil et à la malice de vos adversaires, et vous avez lu trop souvent le livre des Psaumes pour vous étonner de leur méchanceté. Sans cesse les ennemis de David le harcelaient et disaient dans l'orgueil de leur cœur : « Le Seigneur n'en fera point d'enquête » (Psa.10.13). Je vous supplie au nom de Christ d'avoir toujours présente à votre esprit la patience de Jésus votre précurseur « qui, lorsqu'on lui disait des outrages, n'en rendait point, et qui, lorsqu'on le maltraitait, me faisait point de menace, mais se remettait à Celui qui juge justement » (1Pierre.2.23).

Le corps de notre glorieux Sauveur et Rédempteur fut battu de verges, et Il le supporta avec patience ; une foule incrédule lui donna des soufflets, et il disait : « J'ai exposé mon corps à ceux qui me frappaient et mes joues à ceux qui m'arrachaient la barbe, je n'ai point caché mon visage pour éviter l'ignominie et les crachats » (Ésaïe.50.6). Imitez son exemple et ne croyez pas que ce soit une dure condition que d'être affligée avec Lui. Partagez les souffrances de

Jésus et glorifiez-vous dans les blessures que vous recevez à cause de Lui.

Si cet orage était apaisé, il faudrait vous préparer à en subir un nouveau. Depuis cinq mille ans notre Seigneur a proclamé une guerre à mort entre la postérité de la femme et celle du serpent. Il ne faut donc pas s'étonner si une ville ne peut contenir tout à la fois les enfants de Dieu et ceux du démon, pas plus qu'une seule tente ne voyait la paix entre Isaac, l'héritier des promesses, et Ismaël, le fils de l'esclave. Appuyez-vous sur le côté percé du Christ, et ne vous inquiétez pas de la chair. Tenez-vous ferme à votre Sauveur, alors même que vous recevriez quelques soufflets ; encore un peu de temps et le méchant ne sera plus. « Nous sommes pressés de toutes les manières, mais nous ne sommes pas réduits à l'extrémité ; nous sommes persécutés, mais nous ne sommes pas abandonnés ; nous sommes abattus, mais nous ne sommes pas entièrement perdus » (2Cor.4.8-9). Possédez votre âme dans la patience et votre jour viendra.

Chère et estimable sœur, apprenez donc à vous diriger au sein de l'inquiétude. Quand la haine et les injures fondent sur vous, souvenez-vous du modèle que vous devez suivre. « Tout cela nous est arrivé et néanmoins nous ne t'avons point oublié et nous n'avons point violé ton alliance » (Psa.44.18). « Si ta loi n'eût été tout mon plaisir, j'eusse déjà succombé dans mon affliction » (Psa.119.92). Au sein de l'épreuve, gardez l'alliance de Dieu, gardez sa sainte Parole au dedans de vous et ne péchez pas. Fuyez la colère, la vengeance, l'animosité, l'envie, la mauvaise humeur. Faites grâce à votre pauvre servante des cent deniers qu'elle vous doit en vue des dix mille talents que vous devez à la grâce de votre Seigneur. Je vous assure en son saint nom que vos adversaires n'auront aucun avantage sur vous, à moins que vous n'offensiez votre Sauveur dans vos souffrances. La seule bonne manière de vaincre le péché, c'est d'user de beaucoup de patience, de pardon et de prières pour ses ennemis ; en agissant ainsi, vous amasserez des charbons de feu sur leurs têtes, et le Seigneur vous ouvrira une porte de salut à l'heure de la détresse. Attendez-Le avec la même ardeur que la sentinelle de nuit attend l'aurore. Il ne tardera pas. Montez au haut de la tour de garde et n'en redescendez que par la prière, la foi et l'espérance. Quand la mer est pleine, la marée monte ; quand les méchants ont atteint le sommet de leur orgueil, il faut bien qu'il se fasse un changement en eux.

Souvenez-vous de Sion, ses ennemis sont nombreux, ils la serrent de près : « Mais ils ne connaissent pas les pensées de l'Éternel, et ils ne comprennent pas que son dessein est de les assembler comme on assemble des gerbes dans l'aire. Lève-toi, et foule, fille de Sion » (Mich.4.12-13). Dieu a rassemblé ses ennemis comme on assemble des gerbes dans l'aire. Attendons et confions-nous en ses promesses. J'ai confiance au Seigneur que votre foi vous donnera la force de marcher avec assurance, vous sentant forte de sa force. Votre route plantée de croix est celle du ciel. Mieux vaut vous en réjouir que si vous portiez une couronne d'or. Réjouissez-vous aussi d'endurer des reproches pour le nom de Christ. Je finis en recommandant vous et les vôtres à la grâce et à la miséricorde éternelle de Dieu.

A LADY KENMURE

**Indifférence quant au monde. Il faut toujours vivre
en vue du ciel. Christ ne change jamais.**

Anwoth, 26 novembre 1631

Madame,

La route que vous avez à parcourir est trop longue pour que vous n'ayez pas besoin d'être tenue en haleine ; vos jours, vous le savez, n'ont qu'une courte durée ; à mesure qu'ils s'écoulent, il faut que votre foi se développe et mûrisse pour la famille du Seigneur. Le souverain Laboureur donne à chaque fruit la saison qui lui est propice, et lorsqu'ils ont tiré de l'arbre tous les sucs qui leur sont nécessaires, Il vient les secouer et les rassembler pour son usage. Mais les mauvais y demeurent attachés, et leurs rameaux n'ont point de verdure. « Il périra avant que ses jours soient accomplis ; les branches ne verdiront point. On lui ravira son verjus comme à une vigne, et l'on fera tomber sa fleur comme à un olivier » (Job.15.32-33). Dans sa miséricorde, Dieu vous a largement abreuvée aux amertumes de ce monde, afin que vous n'ayez aucun regret de le quitter, et que vous soyez semblable à « ceux qui sont dans la joie comme s'ils n'étaient pas dans la joie, et à ceux qui achètent comme s'ils ne possédaient rien » (1Cor.7.30). Comme un vaisseau démâté, vous arriverez au port du Seigneur, et vous y serez la bien-venue, car, vous êtes de ceux qui, ayant eu toujours un pied hors de cette terre, avez soupiré pour celle que vous atteindrez bientôt. C'est là que votre âme jouira du festin éternel en vue de la glorieuse et incompréhensible Trinité, alors vous verrez face à face l'homme-Christ, cette figure auguste qui à cause « de nous a été plus défaite que celle d'aucun fils des hommes » (Esaïe.52.14). Vous voguez sur les eaux qui vous séparent de la gloire de Christ ; ne craignez rien, aussi longtemps que vous tiendrez sa main, vous ne pouvez vous noyer, alors même que votre barque périrait. Pendant votre course, vous verrez la route teinte du sang de Celui qui est le Précurseur. Ne redoutez pas d'approcher de cette sombre rivière de la mort. Jésus sera là pour vous aider à la franchir, et, quel qu'en soit le courant, elle ne saurait vous entraîner en enfer.

Le fils de Dieu, sa mort, sa résurrection, sont des bases sur lesquelles vous pouvez, par la foi, poser vos pieds et atteindre la terre-ferme. Si vous saviez ce qui vous attend, quelle serait votre joie ! Toutefois, peut-être, ne vous accordera-t-il pas une pleine mesure, jusqu'à ce que vous soyez en état de boire à ce fleuve de vie qui sort du trône de Dieu et de l'Agneau (Apoc.22.1).

Ne vous laissez aller ni au découragement, ni à l'impatience ; le Seigneur est votre sûreté, vous n'avez rien à craindre. Que sont quelques années de souffrances ici-bas, auprès de ce qui vous attend lorsque vous aurez rejoint le Fils de Dieu ? Si votre empressement de quitter cette terre tient au besoin de rejoindre le Seigneur, reconnaissez que c'est Lui qui en a mis le désir en vous. Pensez-vous qu'Il laisserait se perdre ce qui est à Lui ; qu'il oublierait sa promesse, qu'il changerait ses intentions comme s'Il était « homme pour mentir, ou fils d'homme pour se repentir ? » — Non, non, Il ne saurait changer, « Il est le même hier, aujourd'hui, éternellement. » Son Fils Jésus, qui a bu et mangé sur la terre avec les publicains et les pécheurs, qui a pardonné à la femme adultère, qui de sa sainte main a touché les lépreux et vécu au milieu des pécheurs, c'est le même qui aujourd'hui est souverainement glorifié. Sa brillante cour dans les cieux ne lui fait pas oublier ses pauvres amis sur la terre. Les honneurs ne le changent pas, et il désire toujours vous voir arriver. Acceptez-le donc pour le même Christ qui est venu vous chercher. Réclamez ses bienfaits, en lui disant : Oh ! oui, je reconnais que ce n'est pas Toi, mais moi qui suis changée. L'immuable amour de la Nouvelle-Alliance consiste en partie en ce que vous ne pouvez ni le vendre, ni disposer de Lui en aucune façon. Dans l'alliance de grâce, Il ne nous a ni joués, ni trahis, en sorte qu'il ne nous est point permis de nous éloigner de Lui à notre gré. C'est un marché tout d'amour qu'il a contracté. « Car Jésus, notre sûreté, a été fait garant de notre alliance » (Héb.7.22). Il ne saurait donc nous perdre, son honneur est engagé à nous rendre son Père quand Il lui restituera son royaume. Consentez donc à dire Amen à ses promesses : vous témoignerez ainsi que Dieu est fidèle et que Christ vous appartient. De votre côté le marché est facile à tenir ; il vous suffit de tout attendre avec foi de Celui qui a tout acquitté et tout souffert pour vous.

Priez pour moi, Madame, et pour cette Sion dont vous faites partie. Tenez en garde votre âme, votre corps et votre esprit, et présentez-vous devant la face du Seigneur comme sa fiancée sans tache et sans souillure.

A LADY KENMURE

*Les promesses faites au chrétien sont positives,
elles recevront leur accomplissement dans le ciel.*

Madame,

Après vous avoir souhaité grâce et miséricorde de la part de Dieu notre Père et de Jésus-Christ notre Seigneur, je désire infiniment avoir des nouvelles de votre seigneurie. Je n'ai point oublié de présenter vos besoins devant Celui qui peut dès à présent vous garder sans souillure et joyeuse devant sa face. Ce que je Lui demande par-dessus tout, c'est de vous accorder la vie qui est dans l'amour du Sauveur, de ce suprême ami des âmes. Ah! Madame, « si vous l'aimez, vous garderez ses commandements, » et ce n'en est pas un des moindres que de placer joyeusement sa tête sous le joug de Jésus-Christ. Je ne mets pas en doute que votre première pensée, en recevant l'alliance que le Seigneur a traitée avec vous, n'ait été de le suivre à condition que, soutenue par sa grâce, vous puissiez comme un soldat de Christ supporter l'affliction et les misères de ce monde. Ils ne sont pas dignes de Jésus, ceux qui ne veulent rien supporter pour l'amour de leur Maître Lorsque notre glorieux Rédempteur vint traiter alliance entre Dieu et nous, Dieu le meurtrit et le frappa ᵃ ; le monde pécheur le battit de verges et le crucifia. Cependant, et grâces lui en soient rendues, Il supporta les injures de tous et ne quitta le champ de bataille qu'après avoir conclu un traité de paix entre les deux parties.

J'imagine que vos souffrances ressemblent à celles de votre Sauveur, mais incomparablement moins vives ; elles sont de celles qui « blessent au talon » seulement et sont loin de la tête. Mais votre vie « est cachée avec Christ en Dieu » (Coloss.3.3). Et qui pourrait vous l'ôter ? Notre Seigneur nous conduit par la main comme un père ses plus jeunes enfants : il éloigne ses bijoux des petits bras qui s'en saisiraient et les perdraient bientôt. Ainsi agit notre Seigneur. Quant à notre vie spirituelle, Jésus-Christ est le coffre haut, élevé, dans lequel Il a caché nos vies. Nous, enfants, nos bras ne peuvent y atteindre et nous ne pouvons perdre notre vie. Elle est dans la main de Christ. Oh ! puissent-elles être longtemps gardées par notre Seigneur ! Heureux ceux qui peuvent, avec l'Apôtre, remettre leur âme à Jésus, persuadés qu'Il est puissant pour garder ce dépôt (2Tim.1.12). Or donc, Madame, tant que la vie actuelle n'est pas atteinte, toutes les autres blessures ne sont que légères (Gen.3.15), bientôt vous serez guérie. Vous savez que les rois ont dans leurs palais des serviteurs qui ne reçoivent pas de gages, mais vivent dans l'espérance d'en obtenir. Il en est de même des serviteurs du Roi de gloire : ils ne reçoivent rien à cette heure, sauf la pesante croix de Christ avec ses inquiétudes au dehors et ses troubles au dedans ; mais ils vivent au sein de leur espérance. Ne vaut-il pas mieux qu'il en soit ainsi, que de recevoir sa portion dans cette vie et son héritage dans ce monde. Dieu veuille me pardonner de nommer héritage ce qui n'est que le

---

a. *God bruised Him and struck Him* dans l'original anglais ; la traduction de Masson : « Dieu le menaça et sévit contre lui », est inexplicablement fausse ici. (ThéoTEX)

bail d'une ferme et la fin de toutes ces paroles : « Vous avez reçu ce qui vous revenait, vous n'aurez rien de plus. » Hélas ? qu'ont-ils reçu ? La part du mauvais riche (Luc.16.25), serait-ce le ciel du Seigneur ? « Il se traitait bien et magnifiquement tous les jours, » dit-Il. Et quoi encore ? « Il était vêtu de fin lin et de pourpre. » Est-ce tout ? Je me persuade, Madame, que vous êtes joyeuse en songeant qu'une meilleure part que tout cela est préparée à votre âme. Vous avez joui de peu en cette vie, il est vrai, mais vous n'en avez que plus à attendre dans l'autre… Que dis-je, vous avez tout à espérer, car, sauf les premiers fruits qu'à peine vous avez goûtés et les premiers témoignages d'amour de Celui que vous aimiez, vous n'avez plus rien obtenu. Je ne puis dire ce qui arrivera maintenant. Cependant, pour parler selon le Seigneur, les fondations de la cité sont en or pur comme le cristal ; les douze portes sont en pierres précieuses. L'eau de la vie, comme un fleuve, sort du trône de Dieu et de l'Agneau, il arrose des vergers où naît l'arbre qui porte chaque mois douze sortes de fruits. La cité n'a pas besoin de la lumière du soleil ni de la lune, ni des étoiles, car elle est éclairée par le Seigneur éternel et tout-puissant et par l'Agneau. Croyez et espérez en ces choses, en attendant que vous puissiez les voir et en jouir. Jésus vous dit : « Venez et voyez. » Il traverse le monde en gagnant des âmes ; aujourd'hui encore Il vous dit : Voulez-vous venir à moi ? mon Père vous recevra et vous fera place, « car il y a plusieurs demeures dans la maison de mon Père. » Consentez à le suivre, Madame.

Je finis en vous recommandant aux plus tendres miséricordes de Dieu.

A JOHN KENNEDY

Naufrage. Délivrance. Préparation à la mort.
Nécessité d'une discipline divine.

Anwoth, 2 février 1632

Mon très cher frère en Christ,

Que la grâce, la miséricorde et la paix de Dieu notre Père et de notre Seigneur Jésus-Christ soit avec vous. J'ai appris avec peine le grand danger que vous avez couru sur mer et avec joie la délivrance miséricordieuse dont vous avez été l'objet. Je suis assuré, frère, que Satan usera de toutes ses armes pour vous repousser loin du Rocher qui est votre sûreté. Tandis que le prince de la puissance de l'air exhalait contre vous sa colère au milieu des eaux, les lèvres des méchants s'ouvraient sur terre pour parler durement contre vous. Voyez quelles obligations vous avez à ce meurtrier, qui voudrait vous battre de deux verges à la fois ; mais Dieu soit béni, son bras est court. Si la mer et les vents lui avaient obéi, vous n'auriez jamais revu la terre ; béni soit Dieu « qui tient les clefs de l'enfer et de la mort » (Apoc.1.18). « Je fais mourir et je fais vivre » (Deut.32.39) L'Éternel est celui qui fait descendre au sépulcre et qui en fait remonter » (1Sam.2.6). Si Satan était le geôlier qui tient, les clefs de la mort et de la tombe, elle renfermerait un bien plus grand nombre de prisonniers. Vous avez frappé à ces portes sombres, vous les avez trouvées fermées, et nous nous réjouissons tous de votre retour.

Ce n'est pas sans motif, et vous le savez, je l'espère, que vous vous êtes rendu. Le Seigneur savait que vous aviez oublié quelque objet nécessaire à votre voyage. Votre armure n'était pas assez forte pour résister aux coups de la mort. Maintenant, fortifié en Jésus, hâtez-vous de terminer vos affaires. Il en est une qui, pour être retardée, n'est pas achevée ; la mort n'en a pas fini avec vous, elle viendra une dernière fois régler ses comptes. Que tout soit prêt lorsque vous aurez à traverser ce sombre et impétueux Jourdain. Puisse alors être votre pilote, Jésus qui en connaît tous les écueils, toutes les profondeurs et toutes les sinuosités. Le dernier flot de la marée ne vous attendra pas une minute ; quoi que vous ayez oublié, il ne sera plus temps de retourner en arrière. Ce que nous oublions de faire aujourd'hui peut se remédier demain, car chaque soleil qui se lève nous apporte un nouveau jour que nous accorde le Seigneur. Mais nous ne pouvons mourir qu'une fois. Si vous gâtez votre mort, vous ne pouvez plus y retoucher. On meurt bien ou on meurt mal, il n'y a pas d'autre alternative. Comme un des mercenaires du Seigneur, vous devez travailler jusqu'à ce que l'ombre du soir vous atteigne et que le dernier grain de sable se soit écoulé dans votre clepsydre. Achevez joyeusement votre course, nous ne porterons dans la tombe qu'une bonne ou une mauvaise conscience ; lors même que le firmament se serait éclairci durant votre voyage, il peut de nouveau s'assombrir.

Lorsque vous avez commencé à suivre Jésus-Christ, vous saviez bien qu'il fallait vous charger de sa croix. Frère, tenez votre part de cet engagement et ne faites pas défaut à Jésus-Christ. Qui sait mieux conduire les enfants que notre Dieu ? Il y a cinq mille ans qu'Il dirige ses héritiers, Il les a tous élevés, et ceux qui sont entrés dans la demeure paternelle qui est dans les cieux, possèdent l'héritage qu'ils attendaient. Dieu élève ses enfants en leur infligeant des châtiments de divers genres, et cela sans aucune exception (Apoc.3.19). Il n'en a pas même excepté Jésus son premier né, son héritier (Héb.2.10). Dès avant notre naissance, il a été décrété que nous devions souffrir. Il est plus facile de se plaindre de cette sentence que de la changer. Parfois nous sommes accablés sous les terreurs de la conscience, et elles sont nécessaires à notre éducation spirituelle. Si nous n'avions ni crainte ni doute, un mortel sommeil paralyserait tous nos efforts, et le lien qui nous attache à Christ se relâcherait. Par moments, les tentations et les tribulations nous ébranlent, mais si nous étions à l'abri de leurs atteintes, nous languirions comme le blé et l'herbe privés de pluie. Le péché, Satan ! et le monde crient à nos oreilles que nous aurons un rude compte à rendre au jugement dernier, et cependant aucun d'eux, à moins de trahir la vérité, n'oserait nous dire que nos péchés peuvent changer les termes de la nouvelle alliance.

Courage donc, cher frère, tenez-vous ferme à Jésus et à la sainte vérité qui est en Lui, car le monde n'en vend pas une dragme, surtout aujourd'hui où la plupart des hommes mesurent la vérité au poids du temps, comme les jeunes marins qui placent leur compas sur un nuage. Selon les tristes idées des mauvais jours actuels, le temps est le père et la mère de la vérité. Veuille le Dieu de toute vérité nous fortifier ! car, hélas ! il n'y a plus personne pour consoler les captifs et ceux qui mènent deuil sur Sion. Que pouvons-nous faire que de prier et de pleurer sur Joseph et sur toute sa race ? Que la langue de ceux qui oublient Jérusalem s'attache à leur palais. Le Seigneur veuille se souvenir d'Édom et faire pour lui ce qu'Il a fait pour nous. Je vous remets, corps et âme, en la garde de Jésus-Christ, espérant que vous vivrez et mourrez en défendant la cause de notre Maître. Que le Seigneur Jésus lui-même soit avec vous.

A Lady Kenmure

*Il faut conserver l'amour de Christ,
et se réjouir dans l'épreuve.*

Anwoth, 12 février 1632

Je ne sais, Madame, si vous ne me trouverez pas indiscret d'importuner si souvent votre seigneurie. Mais connaissant en partie vos épreuves, j'ai besoin d'avoir de vos nouvelles. Vous vivez au milieu d'une société distinguée, mais le monde qui vous courtise est un adorateur bien tardif, Madame, car vous avez déjà engagé votre foi à un autre. La pompe dont s'entoure cet adorateur si empressé, si vain de lui-même, si coupable, ne saurait séduire votre âme, car dès longtemps elle est à Christ. Je connais votre réponse, vous lui direz : Vous avez trop attendu, je suis liée à Christ ; je ne puis me reprendre, je veux remplir fidèlement mes engagements avec Lui. Gardez les prémices de votre amour, tenez-vous à l'union contractée avec votre aimable époux, notre bien-aimé Jésus, c'est le plus beau des fils des hommes, la rose de Saron, la plus belle fleur du jardin de votre Père céleste, il n'en est point de semblable à Lui. Je ne donnerais pas un de ses sourires contre tous les royaumes. Que les autres, s'ils le veulent, acceptent leur ciel dans cette vie, ne leur portez pas envie, Madame, repoussez loin de vous toutes choses, hormis une seule, Christ. Votre époux à vous est Christ, n'en acceptez aucun autre. C'est à la fois une humble et glorieuse ambition. Qu'avez-vous à faire avec ce misérable monde ? Votre époux désire que vos regards ne se portent que sur lui seul.

Qu'est-ce donc qui vous oppresse, Madame ? Elle est grande, la miséricorde qui vous a été faite dès votre jeunesse ; elle est comme une enceinte plantée autour de vos affections, afin qu'elles ne se dispersent pas loin du Seigneur. Prendrait-il ainsi soin de vous si vous n'étiez pas son enfant ? Si vous tentiez de vous révolter, Il vous enchaînerait. Tenez-vous en repos, vous êtes le froment qui croît dans le champ du Seigneur (Matth.13.25-38), et comme telle, vous serez foulée dans son aire et passée au travers de son crible (Amos.9.9), comme Jésus, le prince du salut, l'a été, afin que vous deveniez du pain excellent dans la maison du Seigneur. Puisse-t-Il vous bénir et vous séparer de la balle que le vent chasse au loin !

Je suis persuadé que l'obstacle qui vous retient se brise peu à peu ; si vous connaissiez ce qui vous attend, vous vous réjouiriez de vos tribulations. Croyez-vous que ce soit un faible honneur que d'être devant le trône de Dieu et de l'Agneau, vêtue de blanc, conviée au souper des noces de l'Époux, conduite à la fontaine des eaux éternelles, d'en voir la source qui est Dieu lui-même et de boire de cette eau rafraîchissante et pure qui sort du Roi des rois ; de poser votre main pécheresse sur l'arbre de vie, d'y cueillir un des fruits du paradis céleste de Dieu en Jésus-Christ, qui est votre vie, votre Sauveur ? Que votre cœur s'élève donc, qu'il tressaille de joie ; votre Roi vous cherche, Il vous conduira dans la maison de son Père. C'est bien de toute mon âme, Madame, que je vous remets aux soins du Seigneur, qui pourvoira lui-même à tout ce dont vous aurez besoin. Je me recommande à vos prières en vous assurant que je ne vous oublie pas non plus.

A Marion Macknaught

**Guérison. Contraste entre l'état du chrétien
sur la terre et dans le ciel.**

Anwoth, 19 septembre 1632

Très chère dame en Christ notre Seigneur,

Vous n'ignorez pas dans quel dessein le Seigneur a éprouvé votre âme ; lors même que la route vous a paru ténébreuse, elle ne vous a pas moins conduite à la gloire. Vous avez entrevu l'entrée du sépulcre, mais votre Sauveur bien-aimé n'a pas jugé bon de vous y laisser pénétrer avant que vous eussiez encore un peu combattu dans son armée. Ce qu'il exige de vous à cette heure, c'est que vous renforciez votre armure de telle sorte que ni Satan ni le monde ne puissent la briser. Vous n'avez rien de commun ni avec l'un ni avec l'autre, et quand l'un des deux viendra pour se disputer votre âme, vous les repousserez en disant : Vous venez trop tard, il y a longtemps que mon âme est liée à un autre, elle est à mon cher Jésus et je désire lui demeurer fidèle. Que votre cœur ne se trouble point lorsque vous entendez dire que le monde adresse ses injures à ceux qui sont en Christ. Le monde vous hait et vous maltraite parce que le Seigneur vous a mise à part. Un voyageur en pays non civilisé doit s'accommoder d'un mauvais gîte, d'une nourriture insuffisante, d'un lit dur et des rudes propos d'un hôte grossier ; mais qu'est-ce qu'une journée ? demain il poursuivra sa route sans plus s'inquiéter de ces ennuis passagers. Une belle matinée s'approche, l'étoile du matin va se lever et nous ne sommes pas éloignés de notre demeure. Une fois arrivés, qu'importe la misère des tentes qui nous auront abrités durant cette misérable vie. Notre demeure n'est pas ici-bas ; il est un lieu où nous serons reçus à bras ouverts par Celui qui nous attend. C'est alors que, revêtue de la robe nuptiale, la tête couronnée et toujours en présence de votre très cher Seigneur et Rédempteur, vous suivrez votre bien-aimé Jésus partout où Il ira ; vous ne songerez guère alors au temps actuel, vous vous réjouirez, et nul ne vous ravira votre joie.

Nos heures ici-bas s'écoulent rapidement, nous touchons au jour du Seigneur. Jusqu'à ce que ce moment arrive, Il daigne vous accorder de petites distractions. Il est vrai que vous ne le voyez pas tel qu'Il vous apparaîtra un jour. « Debout, derrière le mur, votre bien-aimé regarde à la croisée » (Cantique.2.9). A peine l'apercevez-vous. Mais alors vous verrez face à face le plus beau des fils des hommes. O joie suprême ! quel aliment préparé à nos âmes ! puissions-nous, dès à présent, être affamés de Christ, et plus d'une fois tout oublier pour Lui. Ne craignez rien, le repas du Seigneur sera servi à temps.

Tenez toujours votre cœur en éveil dans l'attente de ce bel été qui n'aura point de fin, car pendant l'hiver de votre vie, qui durera aussi longtemps que vous serez dans ce corps, les rayons lumineux de Christ éclairent sa Parole, ainsi que vos prières, vos pensées et le chemin de la cité d'en haut. Oui, ici-bas nous vivons dans le jeûne et l'abstinence, nous goûtons à peine les mets du Seigneur ; ce n'est pas que Jésus soit avare de ses biens, mais nos estomacs sont délicats et nos cœurs endurcis. Mais voici venir la grande fête en laquelle nous serons au large, parés et élevés pour recevoir notre Seigneur. Viens donc, cher Jésus, nos âmes sont affamées de ta présence, elles soupirent après Toi. Pendant le voyage, aidez-vous de l'Époux, ne repoussez aucune des petites douceurs qu'Il daignera vous accorder. Mais, chère dame, n'achetez aucune des délicatesses dont Christ vous environne au prix du péché, et ne jeûnez pas au détriment de votre corps affaibli. Souvenez-vous que vous habitez une maison qu'Il vous a louée. Faute de soin, n'en laissez pas tomber en ruine les vieilles murailles, ce serait offenser le Seigneur. Votre corps est la demeure terrestre de l'Esprit-Saint. Si donc vous aimez ce doux hôte, vous soignerez sa demeure de boue. C'est à Lui qu'il appartient de détruire l'enveloppe, souhaitez-Lui alors la bien-venue. C'est un grand péché d'affaiblir le corps par le jeûne, d'ébranler une seul pierre ou une des moindres pièces qui en composent l'édifice. Car la maison n'est pas à nous, tant que l'Époux est encore avec nous : faites donc en sorte de pouvoir toujours vous réjouir en Lui.

Je m'occupe aussi de vos magistrats. Mais Celui qui est vêtu de lin a déjà inscrit leurs noms dans les cieux ; priez et acceptez joyeusement sa volonté. Dieu tient conseil dans le ciel, et le décret qui en émanera sera tout de miséricorde pour vous. Quant à la fondation de votre ville avec un saint ministère, demeurez l'œil fixé sur la moisson du Seigneur : je vous promets que, dès cette vie, Dieu donnera à votre âme tout ce qui lui est bon, eu égard aux enfants de Christ que vous deviez nourrir. Vous saurez un jour combien j'ai prié, afin que miséricorde fût faite à ceux qui aiment la Jérusalem vivante. Si Dieu les place au milieu de ses enfants, qu'ont-ils de plus à attendre ? il en sera ainsi, j'espère. Veuille le Seigneur Jésus être avec votre esprit.

A Marion Macknaught

Conduite du monde et des chrétiens.

Très chère sœur,

Je crains que vous ne soyez émue et découragée à cause des menaces que le conseil de ville a faites dernièrement à votre mari. Je vous en prie, consolez-vous en Christ : la bonne cause ne demeure opprimée qu'autant que les méchants sont en faveur, mais leur puissance s'évanouira, et la lumière qui doit briller sur les justes répandra tout son éclat.

Si nous n'étions pas étrangers sur la terre, nous ne serions pas exposés aux attaques du monde. Vous trouverez dans la Parole de Dieu tous les contours de votre route vers le ciel, elle n'est pas directe, puisque vous devez marcher « entre l'honneur et l'ignominie ; la mauvaise et la bonne réputation ; passant pour séducteur, quoique véridique ; comme inconnu, quoique connu ; comme mourant et cependant vivant encore, comme affligé et cependant toujours dans la joie » (2Cor.6.8-10).

Le monde est un des ennemis que vous avez à combattre, bien qu'il soit en quelque sorte vaincu, anéanti en vous ; usez des armes que Jésus donne à ceux de ses soldats qui sont isolés et repoussés, laissez-moi vous adresser ses propres paroles : « Ayez bon courage, j'ai vaincu le monde. » Tant que vous suivrez Jésus-Christ, vous ne serez épargnée ni par l'ignominie, ni par la calomnie, ni par aucune de ces nombreuses disgrâces que notre Sauveur fut appelé à supporter. Je vous supplie au nom des tendres miséricordes de notre Jésus, de garder toujours votre conscience pure. L'opinion des hommes ne vous est rien. Alors même que les hommes foulent au pied l'or, il n'en demeure pas moins marqué du sceau royal. Heureuse êtes-vous lorsque le monde foule à ses pieds votre crédit, votre bonne réputation, vous n'en serez pas moins l'or du Seigneur, frappée à l'image du Roi des rois. « Scellée par son esprit jusqu'au jour de la rédemption, » demandez cet esprit de charité « qui excuse tout, qui supporte tout, qui croit tout, qui espère tout » (1Cor.13.7). Je vous engage, ainsi que votre mari, et au besoin je vous ordonne devant Dieu et le Seigneur Jésus-Christ et les anges élus, de prier pour vos adversaires. Faites part de ce message à votre mari, et que tous deux, comme « des élus de Dieu, vous revêtiez des entrailles de miséricorde » (Coloss.3.12). Souvenez-vous, ma sœur, combien de milliers de péchés votre Maître vous a déjà pardonnés. Pardonnez-en donc un à vos compagnons de servitude. « Ne suivez point les pensées de votre cœur et les égarements de vos yeux » (Rom.15.39). Tel est le commandement de Dieu. Ne demandez jamais conseil ici-bas à votre propre cœur, le monde cherche à le flétrir ; acceptez la grâce de Dieu, et que Jésus, qui est l'éternelle sagesse du Père, vous donne sa sagesse. J'aime à croire que Dieu sera glorifié en vous et qu'une porte vous sera ouverte comme au prisonnier de l'espérance, selon l'expression de Zacharie. Il vous est bon que les méchants soient le van de Dieu qui vous secoue, j'espère qu'ils ne vous priveront ni de bons grains, ni de grâce spirituelle. Je vous prie de n'avoir recours à aucune loi d'homme, afin de ne pas vous éloigner de celle de Dieu.

Ne vous découragez pas. Si vous aperceviez Celui qui vous attend sur la rive, non seulement vous passeriez au travers d'une bande de bêtes féroces, mais de l'enfer même s'il le fallait pour le rejoindre et être avec Lui. Veuille le Seigneur Jésus être avec votre esprit et celui de tous les vôtres.

A Lady Kenmure

Difficultés du chrétien dans les positions élevées et les prospérités terrestres. Nécessité de garder en tous temps sa conscience pure de tout péché.

Anwoth, 5 novembre 1633

Madame,

J'ai la ferme espérance que votre seigneurie poursuit son voyage vers le royaume céleste. Je sais que les tentations du dehors ne vous manquent pas plus que celles du dedans. Lequel d'entre les saints s'est jamais emparé du ciel sans coup férir ? Le Maître de la maison, notre frère aîné, notre Jésus n'a point fait exception à cette règle, Lui qui a combattu pour sa propre demeure, laquelle lui appartenait par droit de naissance, il n'y est entré qu'en versant son sang après avoir été battu de verges.

Votre Seigneurie doit donc considérer ce qu'elle a à faire. Placée, comme vous êtes, dans une position élevée, votre route passe au travers de plus de difficultés que celle de vos autres compagnons de voyage. Vous avez à traverser les sentiers épineux du monde et à franchir tous les embarras qui se trouveront sous vos pas. Que de fois, en considérant ces choses, j'ai senti une grande pitié pour votre âme et celle de votre digne et noble époux. Vous, vaisseaux de haut bord, lancés sur les grandes eaux, il vous sera plus difficile d'aborder au ciel que de moindres bâtiments qui évitent les tempêtes. Ces derniers suivent la côte et atteignent tranquillement le port. Au milieu de tant d'obstacles, qu'il vous sera difficile d'éviter toutes les tentations et de donner à Jésus-Christ la place qu'il doit occuper dans votre âme. Je suis assuré que ce bien-aimé Jésus vous est plus cher que la possession de plusieurs royaumes, et que vous l'estimez et l'aimez comme le porte-étendard au milieu de dix mille (Cant.5.10). Il est bien digne d'occuper au milieu du monde la première place dans votre âme, Lui qui était avec vous dans la fournaise de l'affliction. C'est là qu'Il s'est donné à vous et vous a choisie pour être à Lui. Il ne vous demande rien aujourd'hui excepté votre amour, faites en sorte qu'Il n'ait aucune cause d'être jaloux de vous.

Ainsi, chère et digne Madame, soyez comme ces rivières dont l'eau se conserve douce et pure au milieu des flots de la mer. Le monde n'est pas digne de votre âme. Quand Christ s'offre à vous, ne vous préoccupez pas d'autres pensées. Étrangère en ces lieux, il vous faut regagner votre demeure, ne tardez pas, le soleil baisse, déjà il n'éclaire plus que les cimes des monts ; voyez, l'ombre s'étend au loin, suivez votre route de peur que le monde et le péché ne vous en détourne, et veuille le Seigneur Jésus être avec vous.

Beaucoup de regards sont fixés sur vous, Madame ; on voudrait vous dépouiller de votre christianisme, prenez-y garde. Dieu veuille déjouer les projets des méchants et garder intacte votre conscience ! Si votre navire fait eau quelque part, on n'y remédiera qu'avec peine. Si vous êtes une créature frêle, délicate, vous êtes aussi un des meilleurs ouvrages de votre Maître. Maniez donc cet ouvrage avec précaution ; n'en brisez aucune des parties, en sorte qu'entourée de gloire mondaine, votre seigneurie apprenne à toujours bien recevoir Christ et à ne trouver aucune saveur en tout ce qui ne serait pas Lui. Une partie de votre œuvre, Madame, consiste à présenter sans relâche le breuvage de la parole de vie à votre noble époux. Parlez-lui de l'éternité, du jugement, de la mort, de l'enfer, du ciel et du péché. Il doit rendre compte à Dieu de la dette de son père. Oublier n'est pas acquitter, et Dieu ne lui fera pas grâce des intérêts. Je sais qu'il aime la vérité, et cependant j'ai grande crainte de lui à cause de toutes les tentations dont il est assailli.

Lorsque les hommes recherchent les choses du monde, Satan les accable du fardeau des soucis de cette vie en s'efforçant de les détourner du soin de leur âme. N'acceptez aucun service du diable et remettez-vous-en à Dieu des soins de tout ce qui vous appartient. Agissez, Madame, comme si vous n'aviez pas d'enfant. Prenez l'engagement avec le Seigneur que s'Il vient chercher votre fille, elle sera à Lui. Gratitude, gloire et louanges à son saint nom, voilà les témoignages de votre soumission que vous lui adresserez le jour où elle sera retirée dans le sein de Dieu. Considérez donc toutes ces croix, et tandis que le temps est beau, réparez les voiles du navire.

Dans l'espérance que votre seigneurie me pardonnera cette longue épître, je recommande votre âme et votre personne à la grâce et à la miséricorde de notre doux Jésus, et demeure votre respectueux frère en Christ.

S. R.

A Lady Kenmure

Mort de lord Kenmure. But des afflictions. Devoir de les accepter.

Anwoth, 14 septembre 1634

Très noble et digne Madame,

Je repasse souvent dans mon esprit les consolations que moi, pauvre, étranger, sans ami, ai reçues de votre seigneurie quand le Seigneur « me priva du désir de mes yeux » (Ezéch.24.16), blessure qui n'est ni fermée ni cicatrisée. J'espère que le Seigneur se souviendra de vos bontés, et qu'Il fera pour vous ce qu'Il fit pour moi. S'Il vous a rendue veuve, c'est afin que vous deveniez libre en Christ. De toutes les croix mentionnées dans la Bible, celle-là vous assure un droit plus particulier à devenir l'épouse de Dieu ; vous ne pouviez pas l'être au même degré pendant la vie de votre mari. En dehors de cette épreuve, voyez combien est grande la céleste miséricorde. La perte de l'époux de votre jeunesse est, selon l'expression biblique, la plus lourde affliction de ce monde (Joël.1.8). Vous savez que, si vous attendez Celui qui vous a voilé sa face pour un peu de temps, la gloire de Dieu et la fidélité de ses promesses consistent à redonner un époux à celle qui est veuve.

Considérez ce que vous avez perdu, et de quelle petite durée sera la séparation. Laissez-moi donc vous supplier, Madame, au nom des compassions de Jésus-Christ, par les consolations de son Esprit, et en présence de ce qui vous attend devant Dieu, de prendre garde à ce qui se passe en vous. Qu'est-ce que vous montrez aux hommes et aux anges ? Est-ce votre foi, votre patience ? Laissez voir que le Christ, votre bien-aimé, est le premier et le dernier dans vos affections. Tout votre amour doit reposer maintenant sur Lui, seul Il est digne de le posséder. Dieu a tari une des sources de votre amour en rappelant à Lui votre mari, laissez maintenant emporter votre cœur par le torrent qui coule vers Christ. C'est dans sa souveraine grâce que le Seigneur s'est mis à la place de votre mari, et vous a placée en dehors de ce terrible Juge du monde contre la maison de Kenmure. Je dirai même que le marteau dont Dieu vous a frappée dès votre jeunesse, a taillé votre pierre de telle sorte qu'elle reposera sur la partie supérieure du temple de la nouvelle Jérusalem.

Votre Sauveur n'a jamais supposé que la vaine gloire de ce monde fût un don digne de vous. Il n'a pas voulu vous l'offrir, ayant une bien meilleure part qu'Il vous réserve. Abandonnez-la aux cœurs incertains, et prenez l'héritage qui vous appartient. Vous êtes un des enfants de la maison éternelle, une joie sans fin sera la vôtre. Alors même qu'elle se fait attendre, elle n'en sera pas moindre. J'espère voir s'accomplir bientôt ce que j'ai toujours attendu de vous depuis que je vous ai si bien connue, savoir : que vous puiserez toute votre force dans le saint d'Israël, et qu'en Lui vous défiez toutes les peines de cette vie. Votre âme est une forteresse qui peut être assiégée, mais qui ne sera pas emportée. Qu'avez-vous à faire ici-bas ? On vous y témoigne fort peu d'affection, vous devez peu d'amour au monde, il fut toujours malveillant pour vous, et vous l'aimeriez ? Non, ce n'est pas possible, ne cherchez pas de chaleur sous la glace. Votre bonheur ne saurait s'accroître dans ces parages. Placez-le plus haut avec « cette grande multitude que personne ne peut compter, de » toute nation, de toute tribu, de tout peuple et de toute langue ; ils se tiennent devant l'Agneau, vêtus de robes blanches, et ils ont des palmes à la main » (Apoc.7.9). Ce qui ne sera jamais votre part ici-bas, vous l'obtiendrez là-haut. Puis, remarquez-le bien, dans vos épreuves qui ont été, je l'avoue, si nombreuses, le Seigneur a pris soin de vous détacher jusqu'à la racine des choses qui périssent, pour attirer à Lui votre âme : « Conservez-vous dans l'amour du Fils de Dieu, » Madame, comme dit Jude.1.21.

J'espère que votre seigneurie prendra ces lignes en bonne part. Veuillez me pardonner, Madame, si j'ai manqué en quelque chose à la gratitude que je vous dois pour toute votre confiante affection. Encore un mot, chère et noble dame, je vous supplie de relever la tête ; car, voici, le jour de votre rédemption approche. Souvenez-vous que l'étoile qui brilla en Galloway[a] éclaire maintenant un autre monde. Je prie Dieu de répondre au désir de votre âme, et puisse-t-il être pour vous le Dieu de toutes consolations.

---

a. Région d'Ecosse qui comprend les comtés de Wigtownshire et Kirkcudbrightshire où vécut Lord Kenmure.

A Lady Culross

Sentence, condamnation à la prison.
Comment la croix doit être portée.

Edimbourg, 30 juillet 1636

Madame,

Votre lettre m'est parvenue bien à propos, maintenant que je suis prisonnier et dans les chaînes à cause de Christ et de son Evangile. Je suis condamné à être dépouillé de mon ministère et enfermé dans la ville d'Aberdeen. Oh! combien j'ai été coupable! Quelle folie de jeune homme d'avoir ainsi négligé les appels qui m'ont été si souvent adressés! Mais surtout combien je déplore d'avoir si faiblement parlé du royaume de Dieu, de la couronne et du sceptre de mon Roi Jésus. Tous ces souvenirs se dressent devant moi et revêtent un air menaçant au lieu de m'offrir la couronne que les saints et les élus doivent porter! Pendant les trois journées de mon procès, je me suis senti tout troublé, et aujourd'hui encore toutes ces pensées m'accablent. Cependant Christ m'a tendu les bras, soutenu et porté en quelque sorte lorsque je suis entré chez le chancelier. Il a daigné me dicter ce que j'avais à dire, car ma cause était la sienne, et Il s'en est chargé.

Hélas ! il n'y a pas ici de quoi s'étonner, le monde s'est mépris, nul ne sait tout le péché qui est en moi, non, personne, sauf les deux sentinelles qui veillent à mes côtés, mon cœur et ma conscience, et mon Sauveur qui est plus que mon cœur.

Dites à votre frère que, durant ses veilles sur la tour, mon désir est qu'il parle à sa mère ainsi qu'à tous ceux qu'il verra, et qu'il ne se lasse point d'annoncer la bonne nouvelle de mon doux Sauveur, le Seigneur Jésus.

Quant à moi, si j'étais libre de mes actions, je n'hésiterais pas à souffrir dix mille morts pour la cause de la vérité et pour rejoindre ensuite mon Père qui est dans les cieux. Au lieu de cela, voici, il me faut marcher accablé de tristesse. Chère Madame, si vous m'aimez et Christ en moi, priez, priez pour que je sois fortifié dans l'homme intérieur, pour que rien ne s'interpose entre mon Seigneur et moi. Demandez que je puisse échapper à la condamnation, et qu'il ne soit rien trouvé en moi, excepté l'œuvre qui doit s'y accomplir. Si votre seigneurie me connaissait tel que je suis, vous diriez : Pauvre âme, qu'y a-t-il d'étonnant en tout ceci ? Si j'ai des craintes, elles ne sont que trop fondées, je vous assure. Dieu, qui défendit qu'on ajoutât affliction sur affliction, ne profitera pas de ces circonstances douloureuses pour m'accabler. Poursuivrait-Il une feuille desséchée ? Priez-Le donc de m'épargner maintenant par le souvenir de ces beaux jours de fête où Christ nous réunissait dans sa maison, autour de sa table, avec le troupeau qui m'était confié. Hélas ! aujourd'hui, il est dispersé… Jésus me l'a enlevé, parce que je n'ai pas été trouvé aussi fidèle que les deux premières années de mon ministère, alors que le sommeil fuyait mes paupières, tant mon âme était occupée à soigner les agneaux de Christ, et voilà ce qui ajoute à mon affliction.

Je vous prends à témoin, Madame, de mon entier désir d'agir

selon la volonté du Seigneur. Tout ce que je puis dire, c'est que la croix de Christ est la bien-venue et qu'elle m'est douce à porter. Marchons tous d'un même pas vers le Roi des rois, saluons joyeusement sa venue. Il ne m'importe nullement de savoir si c'est au nord ou au midi de l'Ecosse que je dois aller, ni de me trouver prisonnier au milieu de figures rudes et repoussantes. Je n'ai pas grand motif d'aimer ces lieux, mais cela m'inquiète peu, car je sais que Christ peut rendre Aberdeen un jardin délicieux. Espérant donc que vous penserez au pauvre prisonnier de Christ, je le prie de vous accorder tous les dons de sa grâce.

A Alexandre Gordon

L'heureux état de son esprit en se rendant à la prison.

Edimbourg, 5 septembre 1636

Honoré Monsieur,

J'attends que le jour du conseil soit venu pour me rendre à Aberdeen. Le Seigneur est avec moi, je ne m'inquiète pas de ce que les hommes peuvent faire. Je n'accuse personne et n'ai besoin de rien, Il n'est pas de roi mieux établi que moi ; la croix de mon Seigneur m'est douce à porter. Tous ceux que je vois, de quelque état qu'ils soient, riches, pauvres, nationaux ou étrangers, sont bons pour moi. Mon bien-aimé Jésus est de plus en plus tendre à mon égard, Il visite souvent mon âme. Mes chaînes me sont donc légères. La seule chose qui m'afflige, c'est le souvenir des beaux jours où Christ se tenait à mes côtés au sein de mon troupeau à Anwoth. Cette pensée m'est amère, mais mon âme n'en est pas troublée. Aucune parole ne saurait exprimer ce que c'est que d'être avec Jésus ; oui, avec Lui seul. Je me hâte de retourner dans mon palais d'Aberdeen en bénissant et vous et tous vos enfants. Que la grâce soit avec vous.

A LA VICOMTESSE DE KENMURE.

Etre en Christ. Jouir de sa présence. L'aimer toujours plus.

Aberdeen, 1637

Madame,

Que la grâce, la miséricorde et la paix vous soient accordées. Je suis réjoui que l'enfant soit bien ; puisse la faveur de Dieu reposer visiblement sur lui. Sans doute, votre seigneurie n'est point sans s'occuper des tristes choses qu'il nous est donné de voir. Dans ses justes jugements, le Seigneur laisse à l'Église le soin de se frayer sa propre route, selon ses vains désirs, tournant le dos à Christ son Époux.

O quelle consolation, quelle richesse de salut est préparée à ceux qui auront préféré répandre leur propre sang plutôt que de se séparer de leur Sauveur ! Demeurez fermement attachée à Jésus et fuyez les souillures du monde. Ne donnez pas de prise aux insinuations de ceux qui conspirent contre Christ. Gardez-vous, pour être à lui seul. Il faut bien reconnaître, en ces temps d'apostasie, que la colère du Seigneur s'est soulevée contre notre pays. Je me sens toujours plus disposé à m'occuper de mon royal et excellent Maître. Depuis que j'ai appris à puiser plus abondamment à la source même des consolations, je l'aime d'une nouvelle ardeur. L'abord de Christ est enveloppé d'un parfum céleste. Oh ! qu'Il est beau, qu'Il est bon, quelle douceur est la sienne quand Il daigne visiter un pauvre prisonnier tel que moi ! Je ne croyais pas que dès cette vie on pût a tant jouir de sa présence. On pense qu'on ne fait que l'entrevoir ici-bas, et cela est vrai, comparé à l'héritage céleste qui nous est promis ; mais il y a plus que cela : le royaume de Dieu peut nous être immédiatement ouvert.

Malheur à moi de ne pas aimer Jésus dix fois plus, et quand je l'aime un peu, de sentir que la source de mon amour se dessèche, et que mon désir de lui appartenir plus étroitement s'affaiblit. Mon cœur est si étroit. La marée devrait toujours monter dans une âme étreinte par l'amour de Christ ! Si les mondes se multipliaient, selon le jugement des anges, en mille millions, ils ne contiendraient pas encore la millième partie de l'amour du Sauveur. Si je me trouvais tout à coup au milieu de la foule des anges, des séraphins et des saints glorifiés, j'entonnerais un nouveau cantique à la gloire de Christ, en présence de tous. Je suis confondu des trésors nouveaux que j'aperçois en Lui, son amour me pénètre et ne trouve point d'interprète en moi. Hélas ! que peut faire pour son maître un pauvre prisonnier muet ? Que ne puis-je écrire un volume sur les trésors renfermés dans l'amour de mon Dieu ! Je ne vois pas une seule âme à laquelle je puisse librement annoncer le salut glorieux qui est en Christ. Ainsi mes beaux jours sont voilés de nuage, mon vaisseau louvoie en cherchant le vent, je mets toutes voiles dehors et cet aimable Seigneur ne les enfle pas de son souffle ! Oh ! que ne puis-je me diriger vers Lui sans dévier et le glorifier selon mes désirs !

Je n'ai besoin de rien : je suis servi par des inconnus. Il faut absolument que les ennemis de la vérité aperçoivent en elle quelque bon principe qui leur prouve qu'elle est en de bonnes mains. L'espérance d'être rendu à la liberté s'est fort éloignée, ma foi repose tout entière sur le Tout-Puissant. Veuille le Seigneur vous accorder sa douce présence ainsi qu'à votre enfant. Que la grâce et la paix soient avec vous et les vôtres.

A Lady Kenmure

Bénédiction de souffrir sous la croix. Excellence de Christ.

Aberdeen, 1637

Madame,

Que la grâce, la paix et les tendres compassions de Jésus soient avec votre seigneurie. J'aime à penser que mes amis de Galloway ne m'oublient pas. Mais sous la tutelle de Christ, je ne désire rien, Il est si bon que je laisserais tout pour Lui, et que si j'avais cinq cents vies à donner, je voudrais les lui donner toutes, et bien plus encore. Que ne puis-je rendre précieux aux âmes, Christ pleurant, méprisé et souffrant. Si les saints comprenaient l'utilité et la douceur d'être chargé de la croix de Christ, toutes leurs pensées se tourneraient sur cet objet. Quelle miséricorde pour les saints qui la reçoivent gratuitement ! Entre les routes qui conduisent au ciel, nulle n'est plus facile, à ma connaissance, que la grâce gratuite et de rudes épreuves, elles sont nécessaires l'une à l'autre. Oh ! si le temps courrait plus vite et hâtait notre communion avec Jésus notre bien-aimé !

Quelle journée que celle qui nous placera dans ses bras ! Dans peu d'années notre tour viendra. Regardez à votre lampe, Madame, attendez la venue du Seigneur, élevez votre cœur au-dessus de ce cher enfant. Christ est jaloux, Il ne vous permettra pas d'aimer deux objets à l'égal l'un de l'autre, Il voudra toujours occuper la plus grande place dans votre cœur. L'âme qui s'est donnée à Lui n'a plus qu'un petit coin pour la créature.

Ce que je vous dois depuis des années me porte à vous souhaiter toutes sortes de bien, mais que puis-je désirer pour votre seigneurie que Christ n'ait largement accompli ? Christ couvert de son sang, couronné d'épines, n'est-il pas la réponse à tout ce qui vous est bon ? Les saints, dans leurs plus beaux jours, ne sont encore que des étrangers qui ne savent rien de l'inestimable douceur de Christ. Son excellence, au lieu de diminuer, se développe toujours davantage. Plus on compte sur lui, plus on trouve que l'espérance est au-dessous de la réalité, et cependant Il est toujours le même. Oh ! nous ne connaissons pas Celui que nous aimons. Donnez-moi chaque jour des nouvelles de l'enfant, les prières d'un prisonnier pour Christ sont sur lui. En attendant la gloire parfaite, que la grâce soit à toujours avec votre seigneurie.

A LA VICOMTESSE DE KENMURE

Remettre tout à Christ.

Aberdeen, 1637

Madame,

Malgré la hâte du messager, je désire que ma bénédiction soit portée à votre seigneurie.

Le monde ayant toujours porté envie au don de votre cœur que vous avez fait à Jésus, je souhaite que vous soyez toute à Christ et à nul autre qu'à Lui. Lui seul est digne de vous, Madame. Si vous souffrez à cause de Lui, et il en est ainsi, vous suivez la bonne route. S'il en était autrement, nous ne verrions jamais la face de Dieu, nous n'aurions rien à faire avec le ciel, mais Dieu en soit béni, il n'en est pas ainsi.

J'envoie ma bénédiction à ce cher enfant que Dieu vous a prêté ; c'est un fardeau bien plus qu'un héritage, mon cœur en souffre pour vous. On dit que l'Église de Christ n'a ni fils, ni héritier ; aussi ses ennemis peuvent-ils s'en emparer ; mais elle ne manque pas d'amis, car son époux est son héritier, et elle est l'héritage de son époux.

Plaise au Seigneur que je puisse retourner à Anwoth ! Toutefois, s'il n'en doit pas être ainsi, je rends grâce à Dieu de ce qu'Anwoth n'est pas le ciel et de ce que la prédication n'est pas Christ. C'est sur Lui seul que je me repose. Comment va votre enfant ? Je désire fort apprendre que vous n'êtes plus en souci à son sujet.

Je suis en paix avec Christ, mais mon péché, mon péché !

Puisse la grâce être de plus en plus avec vous.

A Robert Gordon de Knockbrux

Grâce tirée de l'affliction.

Aberdeen, 1er janvier 1637

Mon cher frère,

Que la grâce, la paix avec la miséricorde soient avec vous. Je suis étonné d'être privé de vos lettres, bien que je sois loin de penser à un oubli de votre part. Quant à moi, grâce à Dieu, je suis très bien. J'avais d'abord soutenu un mauvais plaidoyer contre Christ, parce que sa providence ne m'avait pas exaucé dans ce que je croyais être mon droit et parce que je m'imaginais follement que les apparences valaient mieux que la fidélité de ses promesses. Cependant Il a usé de patience envers moi jusqu'à ce que je sois revenu de mon erreur, Il n'a tiré aucun avantage de mes absurdes appréhensions. Grand et saint est son nom. Il a considéré ce que je dois être et non ce que je veux.

Voici ce que j'ai appris. Si j'eusse été amené à Christ par voie d'adhésion seulement, comme tant d'autres, j'aurais été réduit en poussière et le monde aurait vu un ministre de Christ, cité jadis pour sa fidélité, n'avoir plus aucune saveur et souffrir sans profit pour son âme. Mais le Seigneur n'a point permis de telles choses,

Il ne veut pas que le tentateur éteigne le flambeau de Christ. Il n'a tenu aucun compte de mes soucis ni de mes impatiences, Il n'a consulté que sa grâce. Tout en brûlant la maison, Il en a épargné les meubles.

J'espère donc que ni le diable ni la persécution ne gagneront rien sur moi et ne brûleront que des cendres. Jésus retirera du feu l'or qui lui appartient et il ne sera point consumé. Que ne dois-je pas aux épreuves dont le Seigneur m'a gratifié. J'ai appris à estimer la valeur du pur froment, lequel est Christ. Après avoir passé au travers de son van, il est converti en pain pour sa table. La grâce par l'épreuve vaut mieux que sans l'épreuve, elle est comme les prémices de la gloire. La sainteté a plus de prix que les plus beaux ornements dont se pare le monde, mais on ne peut apprécier la grâce sans connaître l'épreuve. Il en est peu parmi nous qui connaissent Christ, excepté ceux qu'il a gagnés par la souffrance. Et la foi, avec quelle rapidité elle disparaîtrait sans les croix qui la retiennent captive ! Que de croix j'ai eu à supporter sans qu'une seule m'ait appris à reconnaître, comme celle-ci, la douceur infinie qui est en Christ ! Quand le Seigneur met sa bénédiction sur les croix, elles respirent son amour, sa sagesse, sa bonté et toute sa sollicitude. Pourquoi frémirais-je sous les coups de mon Dieu, alors même qu'il secouerait violemment mon âme ? Ce n'est point un laboureur inutile, il a en vue la moisson. Oh ! si ce sol aride, pierreux pouvait se fertiliser et porter des épis à la gloire du nom de Christ ! D'où naît donc ma peine, insensé que je suis ? N'est-ce pas Lui qui a mis une couronne sur ma tête afin que j'eusse la gloire d'être un de ses fidèles témoins ? Je ne plaiderai plus contre Lui ; Il ne me devait rien, je n'ai donc rien perdu en souffrant pour sa cause. La pensée de Christ est pleine de douceur et de joie dans les liens de la captivité.

Que mes adversaires sont aveugles ! ils m'avaient envoyé en prison, et le lieu de mon exil s'est changé en un lieu de fête auprès de mon bien-aimé Seigneur. Pourquoi douter encore de la fidélité de mon époux, et dédaigner de telles preuves de son amour ? Je les ai reçues gratuitement de sa main libérale. Acceptez-les aussi, mon frère, et rendez grâce au Seigneur. Je vous engage devant Dieu à parler aux hommes, à les inviter à louer le Seigneur. Vos paroles et vos prières me sont nécessaires.

Quelle dette de louange pèse sur moi ! Puissiez-vous tous, mes frères en Christ, m'aider à m'en acquitter ! Je me sens comme abîmé sous elle. Seigneur Jésus, en place de paiement, accepte mes actions de grâces. Mes yeux se remplissent de larmes devant ce glorieux soleil de justice. Le silence auquel je suis condamne augmente mon chagrin, les cordes de ma harpe sont brisées, quel son pourraient-elles rendre sur cette terre où je suis exilé ?

Parlez-moi de mes paroissiens dans vos lettres. Quelle est la prédication qui leur est accordée ? Ont-ils un ministre digne de confiance, je le désire, mais sans l'espérer. Cher frère, je vous aime dans la vie et dans la mort. Priez pour moi ; et veuille le Dieu qui entend les prières être avec vous autant que le souhaite votre frère en Christ.

A John Kennedy
BAILLIF D'AIR

Le salut des fidèles leur est assuré au sein des plus grandes afflictions. Ils doivent ce salut uniquement à la grâce.

Aberdeen, 16 janvier 1637

Digne et bien-aimé frère,

Que la grâce, la paix et la miséricorde soient sur vous.

J'attends de voir ce que le Seigneur fera pour son Église affligée et pour ma réinstallation dans sa maison. Oh! si j'apprenais que ses chaînes sont brisées, que l'Écosse tout entière est une terre sur laquelle le nom du Seigneur est glorifié!...

Quel spectacle que toutes les tribus réunies autour de la personne du Roi exilé, de Christ rentré dans son palais, sur le trône de son sanctuaire! Quelle miséricorde me serait faite si je pouvais voir le jour qui ramènera mon Sauveur! En vérité, ce sera beaucoup si, au travers des ténèbres qui nous environnent, notre foi et notre espérance échappent sans laisser quelque lambeau de leur passage. L'incrédulité n'a point de raison de se vanter maintenant, mais comment se peut-il que nous, faibles créatures, nous puissions cependant jeter une goutte d'eau sur ce grand incendie, ou que notre tête ne soit point prise de vertige quand nous suivons le bord d'un si profond abîme ? Grâce à Dieu, Christ et les siens peuvent supporter des temps si rudes. Que n'ai-je assez de confiance pour être persuadé qu'alors même que je serais réduit en poussière pour être jeté aux quatre vents des cieux, mon Seigneur peut encore la rassembler et faire de moi un vase destiné à contenir la parole de vie et de grâce. L'amour ancré sur la foi supporterait ces attaques, bien plus, il les aimerait et lirait avec joie son salut gravé dans les blessures du doux Jésus. Quoi qu'il en soit, je sais que Christ a vaincu les puissances de l'enfer et qu'Il est entré au ciel. Autant je lui dois d'actions de grâce pour le salut gratuit qui m'est accordé, autant je connais les voies mensongères qui pourraient m'en détourner. Toutes les forces de notre âme prennent leur racine dans le salut gratuit. Par son sang et par sa mort, Christ a tellement serré les liens qui nous unissent à Lui, que jamais les étreintes de Satan ne pourront les ; relâcher. Le lien de Christ n'a jamais été et ne sera jamais rompu. Christ serrant dans ses bras ceux qu'il aime les tient dans une telle sécurité que, si vous le précipitiez dans l'abîme, Il en : sortirait avec eux sans qu'un seul de leurs cheveux eût souffert.

Tel a été le but constant de Dieu ; Christ est entre Lui et nous, afin de faire de l'homme une créature soumise qui dût subir une nouvelle création. Dieu accepte pour notre médiateur son propre Fils. Avec Jésus, je ne donnerais à aucun prix ma part du paradis. Sans Lui, je l'abandonnerais sans regret. Quel insensé que celui qui dédaigne les douceurs du commerce de Christ pour quelques jouets sans durée ni valeur !

Quant à nous, notre bonheur consiste à savoir que notre compte est réglé et si bien arrêté que les anges eux-mêmes ne pourraient rien y changer. Qui a sondé les profondeurs de l'amour de notre

Jésus ? Qui a raconté les joies du ciel qui nous attendent ? Christ a-t-il jamais été pesé dans une balance ? A-t-on jamais mesuré la largeur et la profondeur de cette gloire qui est en Lui et qui nous est assurée ? Oh ! vienne donc le jour où ce monde doit prendre fin et où notre Seigneur apparaîtra, et où nous verrons et aimerons Celui que nos cœurs attendent. Je vous recommande à sa grâce en vous priant d'intercéder pour que je rentre dans la maison du Seigneur si telle est sa volonté.

A ROBERT GORDON DE KNOCKBRUX

Expérience et enseignement dans l'épreuve. La foi sans l'épreuve.
Mortification du péché. Courage spirituel.

Aberdeen, 9 février 1637

Très cher ami,

Je puis vous dire à cette heure où j'en suis avec Christ. Mon Seigneur me visite sept fois par jour, et ce sont des instants courts mais pleins de douceur. Je ne renoncerais pas à ces moments au prix de ma vie. De ridicules histoires ont cours. Le tentateur de ma chair parle mal de Christ, mais la charité ne croit pas le mal, ce sont des menteurs ceux qui doutent de la parfaite droiture de Christ.

Si pourtant et après tout je n'étais plus qu'un cep mort dans la vigne du Seigneur! Oh! que bénis sont les passereaux qui vont s'abattre sur la maison de Dieu à Anwoth, tandis que je suis exilé de ces beaux lieux! Des tentations que je croyais endormies se sont réveillées et m'attaquent encore; bien plus, elles ne périront point tant que ma vie durera. Le diable parle à haute voix de ses prétendus mérites, il secoue ses noires ailes sur mon ministère, et nul germe de froment ne vient à maturité. Et cependant je ne puis croire que Christ, après s'être donné tant de peine, me frappe ainsi et m'abandonne tout à fait. Depuis que je suis à Aberdeen, j'ai vu les nouveaux cieux et le palais de l'Agneau. Serait-ce un rêve, n'aurais-je entrevu les cieux que pour qu'ils me fussent fermés ? Christ m'aurait fait de fausses promesses qu'Il n'avait pas l'intention de réaliser ? Aujourd'hui je vois des choses que je n'avais point encore aperçues.

Aux beaux jours de la vie chrétienne, la nécessité de la foi n'est jamais assez reconnue, et cependant j'ai le plus pressant besoin qu'elle me soit augmentée. J'ai faim des promesses, puis, quand elles me sont accordées, je suis comme un affamé privé de dents, ou comme un estomac affaibli qui sent le besoin de manger et qui se contente de voir la table dressée. Je puis me livrer aux étreintes de Christ et je ne sais pas le retenir. J'aime me prosterner à ses pieds. Que ne puis je alors ne plus tenir à la terre, car, dès que je la touche, l'affliction se cramponne à ma foi. Tout ce que je puis faire alors, c'est de m'écrier : Seigneur Jésus, fais un miracle en ma faveur. Que n'ai-je des membres assez forts pour m'attacher à Christ et le posséder en réalité. Mais voici, j'ai beau être emporté à sa rencontre, il me manque des mains pour le saisir, en un mot, je manque plus de foi que de faim et d'amour pour les biens spirituels.

Nous ne tenons point assez compte de la mortification d'être crucifié au monde, devenir sourd à sa musique serait une céleste béatitude. Je ne puis m'empêcher de sourire à la vue de ces grands enfants qui épousent le monde et se prosternent devant lui comme les nobles devant les rois. Mais qu'espèrent-ils donc ? Tel que je suis à cette heure, je me croirais un être bien faible, bien méprisable, si j'ambitionnais la faveur de ce monde en fléchissant un seul genou devant lui. J'ignore ce qu'il pourrait m'offrir ; il ne peut plus rien me ravir et il n'a rien à me donner. Mortifions notre chair, mon frère, nous ne sommes que trop portés à chasser les plumes qui volent dans l'air, nous nous fatiguons à considérer la poussière d'une vie qui va disparaître, tandis que le spectacle que m'a fait apercevoir dernièrement le Seigneur vaut plus que la possession de mondes infinis.

J'avais cru que pour posséder l'amour de Christ rien n'était plus facile que de déployer son courage dans les temps de trouble, et qu'il suffisait d'avoir de la droiture pour être épargné. Insensé que j'étais ! C'est à grand'peine si, aujourd'hui, j'obtiens un sourire. Mais au ciel nous trouverons une joie permanente, c'est celle de Christ, Il l'a donne à qui il lui plaît.

Je ne puis dire que les consolations de Christ soient lentes à venir, car elles ont coulé sur moi comme le flot d'une rivière. Gloire, gloire lui soit donc rendue. Les prières du prisonnier et sa bénédiction sont sur vous. Que la grâce soit avec vous.

Au jeune Earlstoun

Paix dans les afflictions. Soumission. Combattre le monde.

Aberdeen, 20 février 1637

Cher et honoré frère,

Que la grâce et la paix soient sur vous. Votre lettre a rafraîchi mon âme. Grâce à Dieu, la session est close, et non sans quelque honte pour moi. J'ai eu de mauvais moments. Christ, mon Seigneur, est Dieu, et moi je ne suis que cendre et que poudre. J'avais supposé que, lorsqu'il voile sa face, c'était la colère dont parle l'Écriture. Mais c'est le diable qui voile la face du Sauveur, et la désigne sous de mensongères paroles. J'ai donc agi comme un enfant, et maintenant ce que j'ai le plus à cœur est d'être un chrétien. Depuis que je suis à Aberdeen, j'ai vu le ciel et l'enfer. Avant mes épreuves, je n'avais point connu l'Époux de mon âme tel qu'Il est en réalité. Viennent donc les croix, me voici prêt à les porter, joyeux d'être par elles plus étroitement uni à Christ. Au nom de mon Seigneur Jésus, je vous somme, Monsieur, d'aimer avec moi notre Sauveur et d'annoncer ce qu'Il a daigné faire à mon égard.

Un des fruits de mes souffrances, c'est le désir de voir le nom de Christ se répandre au loin à cause de moi dans son royaume.

J'espère ne le plus souiller désormais, cependant je ne suis point sans quelque amertume à cet égard, ni débarrassé de quelque vieux levain de jalousie ; car le Seigneur a éloigné de moi mes amis, mes anciens admirateurs ; ma congrégation s'est dispersée, ma couronne s'est flétrie. Mes sabbats n'ont plus de voix ; semblables à une pierre fixée au pied d'un oiseau, ils arrêtent ma fuite. Ne serait-ce point parce que je n'ose pas dire : Cela est bien, Seigneur Jésus ? Aux jours de la prospérité, nous parlons haut, même en la présence du Seigneur ; mais quand les eaux nous engloutissent, nous n'osons plus élever la voix. Nous ne savons pas combien est grand le mal que nous nous faisons quand notre volonté devient notre idole. Autrefois je ne voulais manger que des choses douces au palais, aujourd'hui je n'ose me plaindre quand je n'ai pour me rassasier que les miettes qui tombent de, la table. Autrefois je me plaignais du moindre désordre, maintenant je demeure silencieux quand je vois les serviteurs de Dieu amaigris, et les enfants de perdition reluire au soleil. En contemplant ces choses, je prie Dieu de ne jamais me rendre l'exercice de ma libre volonté. Veuille Christ la soumettre à la sienne, la fouler sous ses pieds s'il le faut et me délivrer de ce monde impie.

Travaillez, Monsieur, tandis que vous êtes jeune, votre soleil atteindra bientôt son méridien, puis il déclinera. Ayez faim de la grâce, cher frère, et, par-dessus toutes choses, efforcez-vous de mortifier vos convoitises. Quelles profondes racines elles jettent dans le cœur de la jeunesse ! qu'il s'y trouve d'orgueil et de vanité ! Plus vous vous avancerez dans la route du ciel, plus vous approcherez de Christ, plus vous ferez de progrès dans la mortification, plus aussi vous trouverez qu'il vous reste encore à faire. Je n'ai jamais trouvé si difficile de me séparer du monde que depuis que je suis en prison.

Arrive le jour de la visitation, toutes nos vieilles idoles se relèvent et se lamentent autour de nous. Vous aurez grand'peine à ne pas briser votre cœur. Mieux vaut donc en finir une bonne fois avec les tentations, afin d'être prêt ensuite à marcher à chaque nouvel appel. Les plus beaux lieux de ce monde ne valent guère mieux que la demeure souterraine d'une taupe. Séparez-vous, même de cela. Que ne puis je habiter ma maison qui n'est pas faite de main d'homme !

Rappelez-moi au souvenir de votre mère. Dites-lui de prier pour mon prochain élargissement. Puisse le flot du Seigneur ne pas l'atteindre ! Qu'elle cherche les choses célestes, ce sont elles qui mettront son cœur en paix. Que la grâce soit avec vous.

S. R.

A Lady Cardoness

Nécessité de chercher le ciel. Pauvreté spirituelle. Avis divers.

Aberdeen, 20 février 1637

Ma très chère et très aimée sœur en Christ notre espérance, que la grâce et la paix soient avec vous. Je languis de savoir où en est votre âme, et quels progrès le règne de Christ fait en vous. Je vous exhorte au nom des compassions de Christ de ne pas vous ralentir. Allez en avant, je vous en supplie. Il faut chercher le ciel, vous devez y entrer. Des maisons, des terres, des enfants, un époux, des amis, une patrie, la réputation, les richesses, les honneurs sont choses dont on peut se passer, mais le ciel est la seule. nécessaire, « la bonne part qui ne vous sera point ôtée. » Achetez le champ où la perle est cachée, vendez tout afin de trouver le salut. Ne croyez pas que ce soit facile : la gloire éternelle est placée au sommet d'une colline très escarpée ; beaucoup de voyageurs périssent sur la route aveuglés par une funeste sécurité ; dans celle que me fait suivre le Seigneur, j'ai peu à me préoccuper des choses passées. Mais il en est tant d'autres qui me manquent, qu'à peine je crois en posséder quelques-unes. Les hommes se croient riches dans la grâce tant qu'ils pensent pouvoir l'acheter à prix d'argent ; mais vienne l'épreuve, qu'ils se trouveront pauvres alors ! Mes ressources m'avaient semblé bien au-dessous de mes dépenses, jusqu'à ce que j'eusse puisé dans les greniers de la véritable abondance.

Dans toutes vos démarches, laissez-vous diriger par votre conscience. Traitez vos fermiers avec douceur et charité. Je souhaite que votre cœur soit plein d'amour ; laissez aux enfants illégitimes la possession du monde, votre part à vous n'est point avec eux. Quand la trompette du jugement aura sonné, le monde et sa, gloire seront semblables à une maison ruinée réduite en cendre, à un vieux château privé de son toit. Tout cela nous semble folie lorsque nous nous imaginons devoir quelque chose au monde. L'œuvre qui se fait en moi me porte à ne rien donner au monde, ne fût-ce qu'un verre d'eau. Comment se fait-il, que les hommes courent après ces vains hochets au prix de la paix intérieure ?

J'ai écrit à votre mari tout ce que j'ai cru pouvoir lui être utile ; parlez-moi de lui à votre tour, je ne l'oublie pas dans mes prières. J'espère que Christ fera quelque chose en sa faveur. Usez de patience quand la colère le saisit. Une parole de douceur peut apaiser la passion, regardez à Dieu en lui répondant, vous allégerez ainsi la pesante croix qui pèse sur votre cœur.

Quand Christ disparaît, attendez-Le et criez à Lui jusqu'à ce qu'Il revienne, ce n'est pas alors qu'il faut user d'une nonchalante patience. Alors même que vous ne l'apercevez pas, n'ayez aucun doute sur son amour. Fussiez-vous privée du sentiment de sa présence, Dieu ne cesserait pas pour cela de diriger votre navire ; n'ayez nul souci à cet égard.

Tendez à la sanctification de votre mari, sachez ce qu'elle exige de vous. Il vous faut mourir au monde, c'est indispensable. Priez pour moi comme je prie pour vous. Conseillez à votre époux de rendre ma joie complète en cherchant la face du Seigneur. Dites-lui qu'il je ne désire rien tant que d'apprendre qu'il est à Jésus. Bénissez-le pour moi et tous vos enfants ; il ne faut pas qu'on puisse dire que je déserte votre maison, bien qu'il ne me soit plus possible de sanctifier les sabbats avec vous.

    Votre fidèle et toujours affectionné pasteur en celui-là seul qui l'est véritablement.

S. R.

A LA VICOMTESSE KENMURE

Inutilité des plaintes contre le péché. De la communion avec Christ dans la charité. Difficultés du chrétien vivant. Le monde n'est qu'un désert.

Aberdeen

Que la grâce, la miséricorde et l'amour soient avec vous. Vos lettres me sont un vrai rafraîchissement. Celui Qui tient les issues de la mort a été plein de bonté envers son enfant.

A cause de vous, Madame, je sens la nécessité de la vigilance, car il en est plusieurs qui croient suffisant d'être avancé dans la sanctification pour ne plus agir, et qui répètent sans cesse : *je suis malade,* comme si c'était un moyen de guérison ; se plaindre leur semble un bon remède contre le péché. Quant à vous, Madame, j'espère que vous n'agissez point ainsi en ces temps de mort spirituelle où plusieurs n'ont plus de force ni d'ardeur pour le service de Christ. Tenez-vous dans une continuelle communion avec Christ. Plus vous serez près de Lui, plus vous serez. préservée du monde, mieux vous apprendrez à connaître son amour. Travaillez donc avec courage, occupez-vous de Lui chaque jour, le plus longtemps possible. Prisonnier, dans l'exil, à cause de Lui, je sens qu'Il a gémi sur moi comme sur un des siens (Jér.31.20 ; Esaïe.45.11). Je ne sais que faire, tant je suis entouré et pressé par son amour. Mais que ce fardeau est léger ! qu'il est doux ! qu'il est précieux ! J'aime tellement mon Sauveur que s'Il n'était pas au ciel je ne voudrais pas y aller sans Lui. Qui saura raconter ce qu'est l'amour de Jésus ! ... Nul, si ce n'est celui qui porte sa croix avec joie et résignation. Comment se peut-il qu'Il daigne le placer sur une si chétive créature ? Cet amour assurément ne me coûte rien, il est purement gratuit et il me serait impossible d'exprimer la douceur infinie qu'il y a de se sentir ainsi aimé.

Croyez-le, Madame, il est beaucoup d'hommes qui se jouent du christianisme et s'en débarrassent dès que cela leur convient. Moi aussi, j'avais cru que c'était chose facile d'être chrétien, et qu'il ne fallait que faire un pas loin du monde pour trouver Dieu. Mais combien il y a de tours et de détours, de hauts et de bas, et de sentiers divers avant d'atteindre le *guet.* Soir et matin, il me faut parlementer avec ma raison. Quand je me réveille, je trouve enfoncés dans mon cœur les traits de son amour. Pourquoi ne le glorifierais-je pas ? Qui unira sa voix à la mienne afin que nous chantions en chœur le grand amour dont il nous a aimés.

Quant aux amis, prenez-y garde ; la terre la mieux cultivée peut sécher sous leurs pas. Dieu veuille me faire la grâce d'agir avec le monde comme un maître habile avec un serviteur fripon. Je ne lui confierai rien, afin qu'il ne puisse jamais me tromper. Je prie Dieu afin que je ne place ma joie ni mon attente en ce monde, pour ne point ôter à Christ ce qui lui appartient. Selon ma faible expérience, je vous conseille, Madame, de remettre à Christ le sceau de vos affections, que ce soit Lui seul qui dirige votre bâtiment, rivez-le à la maison de David (Esaïe.22.23). Oh ! puisse-t-Il être toujours mon souverain et unique tuteur ! Loin de moi ceux qui ne tiennent à rien et se jouent de tout. Si j'étais un d'eux, Jésus aurait beau jeu à me dire : « Tu as été averti, et cependant il faut que tu sois mis à l'épreuve une fois encore avant que tu mérites quelque confiance. »

Puisse la présence du grand Ange de l'alliance de grâce être avec vous et votre cher enfant.

A William Dalglish
ministre du saint-évangile

Preuves de l'amour de Christ.
Comment on doit se confier en la Providence.

Aberdeen

Cher et honoré frère,

Que la grâce et la miséricorde soient sur vous. Tout va bien pour moi. Jamais mon Seigneur Jésus n'a été aussi bon à mon égard qu'Il l'est maintenant. Il daigne S'asseoir à la table de son serviteur captif, et lui servir, dans son amour, les mets qu'il juge le plus convenables. C'est en mettant cet amour à l'épreuve qu'on en reconnaît les charitables effets, nous ne le connaissons pas parce que nous n'en usons pas. Je compte bien plus sur les souffrances de mon Sauveur que sur toute la vaine gloire de ce monde paré et doré. C'est à peine si j'ose parler des faveurs qui m'ont été accordées : joie de Christ contre mes peines ; douce paix avec Lui au lieu de mes afflictions. Mon frère, c'est pour la sainte cause de la vérité que je souffre aujourd'hui. Il a soulagé mes douleurs par sa précieuse présence. Ses témoignages ne sont ni obscurs, ni trompeurs, ils ne confirment point de vaines imaginations. En avant donc, mon cher frère, reposez-vous sur la force du Seigneur, ne craignez point

« qu'il soit fils d'homme pour mentir, ni homme pour se repentir » (Nom.23.19).

La Providence a mille moyens pour opérer la délivrance des siens réduits à quelque grande extrémité. Soyons fidèles et laissons Christ agir. A nous le devoir, à Lui la direction des événements. Ne discutons point avec la Providence divine et ne lui demandons point raison de ses motifs ni du résultat de ses intentions. Ce sont choses dont nous n'avons pas à nous mêler, elles appartiennent au Tout-Puissant, c'est Lui qui seul peut diriger la barre de son gouvernail. Quant à nous, ce qu'il nous importe, c'est de savoir s'Il nous approuvera et comment nous pourrons amener notre âme débile à s'appuyer sur un Dieu qui sait toutes choses. Mais après avoir fait tout ce qui dépendait de nous, si nous n'avons pu réussir, ce ne sera ni un péché, ni une croix. Souvenez-vous, mon frère, des paroles du Seigneur à Pierre : « Simon, m'aimes-tu ? Pais mes agneaux. » Nous ne saurions pas donner un plus grand témoignage de notre amour pour Christ que de paître fidèlement ses agneaux au sein des difficultés.

Ma position auprès des ministres du voisinage ne s'est point améliorée ; ils ne peuvent supporter que personne s'occupe de moi. Je suis donc réduit au silence, ce qui est mon plus grand chagrin.

Que la grâce soit avec vous. Votre frère dans les liens.

A M. Matthew Mowat

> Plénitude de l'amour de Christ. Le salut par grâce. Christ notre rançon. Besoin d'annoncer l'Évangile. Faiblesse des ouvriers à l'heure de l'action. Souffrir pour Christ.

Aberdeen, 1637

Cher et révérend frère,

Je ne suis qu'une faible créature ; si l'on savait le peu que je suis, on ne penserait à moi qu'avec compassion. Je ne suis qu'un enfant sous la direction d'un maître sévère. Je voudrais avoir au delà de ce qu'Il m'accorde, et, toutefois, il est bon que ce ne soit pas la pauvre raison d'un enfant qui règle les voies du Seigneur. Qu'Il accorde ce qu'Il voudra, ce sera toujours au delà de nos mérites.

Je voudrais vivre, empruntant chaque jour à Christ ce dont j'ai besoin pour ma subsistance journalière. Qu'y aurait-il de mieux que de s'en reposer sur cet amour sans borne dont les anges eux-mêmes n'aperçoivent pas la profondeur ? Il sait que je ne possède rien, que c'est en Lui que j'attends, que j'espère ; mes désirs fussent-ils grands, et ils le sont, Christ pourra les remplir en toutes saisons d'infinies douceurs découlant de Lui. Si mes vases étaient en bon état, je les remplirais ; mais quand je viens puiser à la source des eaux vives, il se trouve qu'ils sont fêlés, et je ne puis avoir que peu d'eau à la fois. Contentons-nous donc du flux et du reflux de la mer. Hélas ! j'ai bien plus perdu de grâces que je n'en ai conservées. Voyez combien est petite la goutte d'eau qu'un enfant peut tenir dans sa main ; moi de même, je me contiens pas davantage de cet amour sans borne qui est en Jésus-Christ. Je crains parfois de n'être pas entré par la porte étroite, et de ne pas être devenu riche en Christ. Semblable à un enfant, j'ai tout détruit ; j'ai mis en jeu cette perle sans prix, ce céleste joyau, présent inestimable du Père ! Oh ! s'il daignait prendre ce qui m'appartient, inscrire son nom sur mes chaînes, user de la part qui m'est faite et en rendre compte comme de

son propre talent ! Oh ! s'il se mettait à ma place, dirigeant toutes choses selon son bon plaisir, tandis que moi, son humble serviteur, j'exécuterais ses ordres ! Seigneur Jésus, agis dans ce sens, reçois les actions de ton pupille, de ton héritier. Quel ne serait pas mon bonheur, si l'œuvre de mon salut était remise à Christ et qu'Il fût forcé de répondre pour moi ? Dépendre de Lui serait ma route la plus sûre. Il n'y a pas besoin de science pour se laisser guider par la grâce, mais un simple effet de la libre volonté. Si Christ ne portait pas une partie de mon fardeau, il n'y aurait plus de ciel pour moi. Je n'ai fait, pour ma part, que prêter mon nom à cette douce alliance : Christ qui est avant, pendant, après, toujours, en tout temps, affermit tout en Lui. Veuille mon Sauveur m'imputer les mérites et l'excellence de ce Frère qui nous a rachetés. Il n'a nul besoin que je proclame ce qu'Il est, et, cependant, si je pouvais le faire si, pendant quelques années encore, je pouvais annoncer au monde la gloire de Celui qui est et sera à toujours notre rançon ! Oh ! oui, je désire le faire, alors même que je serais condamné à retomber dans mon inutilité actuelle.

Mais pourquoi ces murmures, pourquoi m'affliger dans ces vains désirs, au lieu de croire simplement ce qui est, savoir, que Christ a pris à son service un malheureux proscrit ? S'Il le juge bon, ne peut-Il pas m'employer de quelque autre manière ? N'est-il plus d'âmes en ces lieux auxquelles il me fût possible de parler de Celui qui est leur vie ? Vous vous plaignez de ne pouvoir pas mettre en pratique votre foi, et vous osez à peine souffrir quelque peu pour Lui. En premier lieu, cher frère, croyez à votre propre misère. Regardez à Christ, Il n'a jamais repoussé le soupir ni le gémissement d'aucun enfant. Croyez-le, plus vous comprendrez la profondeur de votre souillure, plus vous ferez de progrès dans la connaissance de Christ. Moi-même, je l'ai trop faible encore cette connaissance pour surmonter la douleur de mes misères. Quand je suis entré dans la milice de Christ, je n'avais pas la force de porter une arme, comment n'a-t-Il pas refusé un tel soldat ? Je ne vaux pas mieux aujourd'hui, mais combattant sous ses ordres, je me sens soutenu par la foi en mon divin Capitaine. Il est riche, Il paie pour tous, usons de sa libéralité sans ménagement.

Vous désirez que je ne cache pas le visage de Christ, c'est un bon avis dont je vous rends grâce. Mais, hélas ! voilé ou à face découverte, je ne le vois pas toujours tel qu'Il est. Il arrive même que, lorsqu'Il est à découvert, c'est alors que je le vois le moins bien. C'est quand Il m'enlace de ses caresses que je suis semblable à un enfant qui possède un beau livre et s'amuse des dorures de la couverture au lieu d'en lire le contenu.

Sans doute, si mes désirs étaient comblés, j'appellerais le monde au combat, ainsi que le diable et les tentations, mais je suis trop faible encore pour me tenir debout devant mon bien-aimé, je me cache sous le boisseau.

Souvenez-vous de mes liens. Le Seigneur Jésus soit avec votre esprit.

A William Halliday

L'assurance du salut est la seule chose nécessaire.

Aberdeen

Cher ami,

Je vous en prie, attachez-vous à l'œuvre du salut. Prendre le change quant à la grâce, est aussi funeste que de se tromper sur la conversion. Ne vous trompez donc pas vous-même ; sachez, d'une façon positive, si vous êtes sauvé, oui ou non.

N'attachez aucun prix à cette boue du monde, mais un très élevé à la possession de Christ. Les tentations ne vous assailliront que trop tôt, soyez jaloux de vous et de votre cœur. Vous êtes à Dieu, faites en sorte qu'Il n'ait pas en vous un soldat médiocre. Ne craignez pas de vous appuyer sur Christ, car Il surmontera tous les obstacles.

Que nul n'attaque Christ devant vous, Lui et sa croix sont de bons hôtes, dignes d'être bien reçus. Les hommes voudraient gagner leur salut à bon marché ; mais c'est impossible, il ne s'obtient pas ainsi. Faites connaissance avec la prière. Revêtez-vous de Christ qui est votre armure, qu'Il soit votre continuelle direction. Faites-vous un cas de conscience de pécher, alors même que personne ne vous voit. Que la grâce soit avec vous.

A une Dame

Sur la mort de son mari.

Aberdeen

Chère sœur en Christ,

Je sais que vous avez à cœur les intérêts de votre patrie éternelle, et que vous ne faites pas de la tente que vous habitez pendant votre exil une demeure permanente. Cette vie est sans proportion avec celle que notre Seigneur nous a conquise par ses souffrances et qu'Il nous tient en réserve : Notre espérance serait vaine, si elle n'apercevait rien au delà des eaux qui nous séparent de notre véritable héritage, et si elle demeurait comme clouée à cette maison de boue qui nous abrite à cette heure. Je ne suis pas surpris, ma chère sœur, que vous considériez comme une bénédiction ces jours trop courts dont vous avez dû voir le dernier. Il est bon que ceux qui courent dans la lice n'aperçoivent le prix qu'au moment du départ ; il se peut même qu'ils ne l'apprécient que lorsqu'ils le tiennent en main. Quand notre Seigneur vient chez les siens, ses visites sont d'une douceur infinie ; Il les enveloppe de son amour, et alors même que vous n'auriez peut-être pas choisi la voie où Il vous a engagée, suivez-la toutefois. Les voies du bien-aimé de nos âmes ne sont pas les nôtres, chère sœur, mais elles nous sont. toujours bonnes.

Ne considérez les choses de la terre que comme de belles fleurs semées sous vos pas sur la route du ciel. Il vous suffira d'en respirer le parfum de temps en temps. Vous ne pouvez rester stationnaire, ni perdre une journée à regarder ce qui se passe dans ce monde. Faites vos comptes, que tout soit réglé quand viendra l'heure de franchir le passage de la mort.

Votre logement est prêt, Christ, votre précurseur, ne l'a pas oublié. Ainsi donc cherchez cette chose dont vous ne pouvez pas vous passer. En retirant à Lui votre mari, Jésus lui a préparé une place au ciel près de Lui. L'amour que vous portiez à la créature a été brisé brusquement pour apprendre à la créature que Dieu seul est digne de posséder vos affections, vos chagrins, vos pertes, vos tristesses, la mort même, et tout ce que vous redoutez le plus, hormis le péché. Christ sait ce qu'Il doit faire de toutes nos souffrances. Il les place sur la croix avec les siennes, afin que, dans toutes nos afflictions, nous venions à Lui. Grâce Lui soit rendue de ce qu'Il nous a fait connaître ces rudes compagnons qui nous mènent à Lui. Apprenez à voir vos plus grands biens dans les maux, et à chercher hors de l'agitation du monde la paix et la joie dans une douce communion avec Jésus. On reçoit plus souvent de doux messages du Sauveur au sein des tentations, qu'en suivant un sentier doux et uni. Rendons grâce à Dieu pour toutes ses croix.

En faisant le compte de nos voies, nous savons bien reconnaître que la sainteté est un grand gain. Les armateurs d'un navire chargé d'or éprouvent une grande joie à le voir entrer au port. Notre Seigneur Jésus, et nous aussi avec Lui, nous avons un bâtiment chargé d'or qui arrive à pleines voiles. Il est des hommes tellement occupés des convoitises de cette vie qu'ils vendent à vil prix leur part du chargement. Occupez-vous d'acquérir une part de ce vaisseau, puis ne la vendez ni ne la donnez pour rien au monde. Les croix de Christ sont belles et lumineuses, et, quelque sombres qu'elles nous paraissent maintenant, elles rayonneront de gloire dans les cieux. Le ciel est placé au sommet de la croix, la main qui la soutient est celle de Jésus. Considérons donc comme le sujet d'une grande joie quand nous tombons en diverses tentations sous le regard de Celui qui est puissant pour nous aider. Or donc, en vous recommandant aux tendres miséricordes de notre Seigneur et à sa grâce, je reste votre affectionné et dévoué frère.

S. R.

A John Gordon

Le salut et la soumission dans les souffrances infligées
aux enfants de Dieu.

Cher et honoré frère,

Votre lettre m'est un rafraîchissement. Je vous exhorte, au nom de Christ, de travailler pour votre âme : Il vous aidera, Il se tiendra à vos côtés ; c'est une chose certaine, et bien sérieuse que l'accomplissement de toutes ces choses. Il n'y a point de milieu, il faudra ou être envoyé à la droite ou à la gauche du bon Berger. Quand votre corps ne sera plus qu'un cadavre glacé, réduit en poussière, que ne donneriez-vous pas alors pour une seule heure de relâche ? Il y a encore du sable dans votre sablier ; le soleil n'est pas encore au-dessous de votre horizon. Profitez de ces heures dernières. Voyez quelle paix, quelle joie, se trouvent dans le service de Christ. Les anges, le monde, la vie, la mort, les croix, même le diable, travaillent alors pour vous et avancent votre œuvre ; la miséricorde divine reposera sur vos travaux, et une sainte bénédiction planera sur votre demeure. Vous vous sentirez entouré de ce qui constitue le véritable bonheur, et vous porterez sur cette terre un nom qui répand autour de lui les plus doux parfums. Quelle joie ne sera pas la vôtre, lorsque Christ viendra essuyer vos larmes et vous souhaiter la bienvenue en vous accordant et sa gloire et sa félicité ? Ailleurs, dans l'abîme, voyez les tortures d'une conscience coupable ! Les joies du péché ne sont que vains songes, qu'une vapeur qui va se dissiper. Mais quel honneur d'être un enfant de Dieu, de dominer les tentations, de subjuguer le monde et le péché !

Quant à vos enfants, qui jouissent maintenant de l'éternel repos, je vous dirai, à vous et à votre femme, que je suis en quelque sorte témoin de la gloire dont *Barbara* jouit dans le ciel. Et à toutes les autres, je leur dirai : Voici venir des jours en Ecosse où l'on s'écriera : « Heureuses les stériles et les seins qui n'ont point allaité. » Les parents qui n'ont plus d'enfants sont entrés au port avant l'orage ; seraient-ils perdus pour vous ceux qui sont placés dans le trésor de Christ ? Vous les rejoindrez à la résurrection ; ils vous précèdent, mais ils ne sont pas perdus. Votre Seigneur vous aime ; n'est-ce pas Lui qui donne et qui reprend ? Ne vous faites pas des idoles de vos enfants, car Jésus veut être le premier objet de vos affections. Je bénis et vous et vos enfants. Que la grâce soit à toujours sur vous.

A M. JERGUSHILL

*Afflictions. Preuves de l'alliance avec Christ. Sa présence est
notre secours dans les épreuves. La communion avec Lui
est notre plus pressant besoin.*

Aberdeen, 7 mars 1637

Révérend et bien-aimé ami en notre Seigneur,

Je suis attristé de l'épreuve qui s'appesantit sur votre femme, mais je sais que vous l'acceptez avec la soumission d'un fils qui bénit la verge qui le châtie. Jusqu'à ce que vous atteigniez le ciel, vous essuierez de continuels orages. S'il y a vingt croix réservées pour vous dans les décrets de Dieu, elles se réduiront peu à peu ; la main de Christ sera sur vous, et Il essuiera toute larme de vos yeux. Quant aux souffrances que vous endurez pour la vérité, votre Maître y pourvoira aussi ; laissons-Le agir, à Lui appartient de consoler et de délivrer.

La peur de la croix est pire que la croix elle-même. Je ne puis me taire sur ce que Jésus a fait pour mon âme. Ne m'aiderez-vous pas à le louer, mon cher frère ? L'amour dont je me sens aimé doit être partagé ; et je crains toujours d'en manquer. Je jouis de ses consolations, elles me pénètrent de joie ; mais je voudrais désirer une plus intime communion avec Lui. Je suis bien persuadé que c'est à cause de l'Évangile que je suis appelé à souffrir maintenant. Mon Seigneur en est Lui-même le témoin fidèle, et je désire garder l'empreinte de son sceau jusqu'au jour où Il l'effacera Lui-même. Je défie l'enfer de me l'enlever, car elle est à Christ, et je suis son prisonnier. Cependant, parfois Satan et mes craintes naturelles me représentent Christ comme menteur, comme s'Il me haïssait, mais je n'ose pas croire mal de Lui. J'ai pitié de mes adversaires et suis loin de me plaindre de ce qu'ils sont tranquilles chez eux, tandis que je suis captif. Le Maître n'aurait-Il pas le droit de donner un os à son chien sans que j'en sois offensé ? Mais je me réjouis chaque fois qu'une nacelle brisée aborde au rivage, et de ce que le passager malade est bien reçu par son Maître. Réunissons toutes nos forces, afin de tenir tête à l'orage qui s'approche. Il faut que tout le blé et la balle de l'Ecosse passent au travers du crible de Dieu.

Louez Dieu, louez-le, et priez pour moi, je ne vous oublie pas non plus. Je sais que vous témoignerez, ainsi que moi, votre bienveillante affection à mon frère sous l'épreuve. Donnez-lui vos conseils, soyez bon pour lui. Parlez de moi à votre femme pour la fortifier dans l'amour de Christ ; elle va mieux, elle approche du salut. Hâtez-vous de semer, faites provision de bon grain, dans peu de temps les greniers seront fermés aux enfants de Dieu. Que la grâce soit avec vous. Tout à vous en notre doux Jésus.

A WILLIAM GLENDINNING

Courage. Ferme adhérence à Christ.
De la conscience dans l'épreuve.

Aberdeen, 13 mai 1637

Cher et bien-aimé frère,

Je vous remercie tendrement de vos soins affectueux pour mon frère, pendant qu'il était dans la détresse à Edimbourg. Poursuivez votre course au travers des eaux sans vous lasser. Votre Guide connaît la route ; suivez-Le ; remettez-Lui toutes vos peines, toutes vos tentations, et que les vers, fils des hommes, ne vous effraient pas : ils mourront et la teigne les rongera.

Conservez votre couronne ; l'enjeu entre vous et le monde n'est pas de moindre valeur que votre salut et votre conscience. Prenez garde, ne cédez pas ce que vous pouvez garder. Revêtus de notre bouclier, il faut que nous nous opposions à tout envahissement contraire aux intérêts de la conscience. De quelle douce communion le prisonnier jouit avec son Sauveur ! Il ne se lasse pas de lui faire du bien ! Jamais, nulle part mes pieds ne foulèrent un si beau sol que celui d'Aberdeen. Rappelez-moi affectueusement au souvenir de votre femme. Je lui souhaite de remettre tout à Dieu, et de travailler activement à l'œuvre de son salut. Que la grâce soit avec vous.

A WILLIAM LIVINGSTON

**Félicitations sur la piété dans le bas âge.
Dangers que courent les jeunes chrétiens.**

Aberdeen, 13 mars 1637

Mon très cher frère,

Je me réjouis d'apprendre que Christ s'est emparé de vos jeunes affections, et qu'au matin de la vie vous êtes déjà uni au Seigneur. Souvent le cœur d'un jeune homme se trouve une demeure toute prête à recevoir Satan. Revêtez vous d'humilité, rendez de continuelles actions de grâce pour les faveurs dont vous jouissez déjà. Christ n'éteint pas le flambeau allumé au soleil de justice.

Je vous recommande la prière et la vigilance, car je sais qu'entre Satan et la jeunesse il existe une secrète conformité. Le diable a un ami dans le cœur de tout jeune homme : l'orgueil, la luxure, la convoitise, la vengeance, l'oubli de Dieu, sont des agents dont il se sert pour les attirer à lui. Heureuse est votre âme, si Christ en est le Maître, s'Il en a la clef et s'Il donne les ordres comme il convient de le faire partout où Il se présente. Faites bon accueil au Seigneur, chérissez sa grâce, activez-en le feu chez vous, et laissez-vous entièrement diriger par votre Sauveur.

Quant à moi, je suis tout à mon Seigneur ; Christ m'a remis entre les bras du Père, et cette faveur est le complément de toutes les autres. Tel qu'un roi, je règne sur mes épreuves. Je ne flatte aucune tentation, je ne dis pas une bonne parole au diable, aussi je défie les portes de l'enfer de m'atteindre. Dieu s'est placé entre moi et ceux qui m'ont mis ici, et maintenant Il est avec moi. Louons-Le, exaltons son nom béni à jamais.

A WILLIAM GORDON DE WHITEPARCK

Tout fidèle est soumis au creuset de l'affliction. Par Christ il sort victorieux du monde et de tous ses ennemis.

Aberdeen, 13 mars 1637

Cher Monsieur,

J'attends avec impatience de vos nouvelles. Retenu prisonnier pour le Seigneur, sa douce main me soigne avec autant d'attention que si j'étais malade. Longtemps je me suis défendu contre Lui, mais j'ai dû céder enfin. N'est-il pas étonnant qu'il ait enduré que je me sois ri du nom de son Fils, que j'aie osé dire qu'Il était changé, qu'Il m'avait abandonné ? Voyez jusqu'où peut aller l'incrédulité !

Au milieu de mes misères, de mes craintes, de mes doutes, de mes impatiences, j'ai, en quelque sorte, porté un défi à la Providence. Dormait-elle pendant ce temps ? ne s'inquiétait-elle plus de mes peines ? Voici ce qu'il en est advenu, Christ a brûlé au feu tout ce résidu d'ingratitude. Béni soit ce souverain Épurateur qui a rendu plus pur le métal, et l'a rendu assez fort pour qu'il puisse porter le poids de sa charge. En nettoyant son serviteur, Il ne lui a pas ôté un grain de sa valeur propre.

Son amour répandu dans mon cœur y fait briller une vive flamme. Ce que je désirais avec le plus d'ardeur était de jouir de

Lui plus intimement. Maintenant, pendant les veilles de la nuit, je souffre alors que mon bien-aimé s'éloigne. Le jour tarde à paraître ; oh ! si une fois nous étions réunis pour ne plus nous quitter ! Semblable à un vieux navire qui a traversé beaucoup de tempêtes, je languis d'entrer au port et crains de nouveaux orages. Le soleil de mon Seigneur lance un rayon d'amour brûlant sur mon âme. Que trois fois bénies soient donc les croix de Christ !

Je vous assure que je n'ai aucune honte de porter la couronne du ministre exilé à Aberdeen. L'amour supplée à tout, il est une armure que nul trait ne saurait percer : « Nous sommes plus que vainqueurs par le sang de Celui qui nous a aimés » (Rom.8.37). Le monde et le diable ne sauraient blesser l'amour de Christ, aussi je me sens plus éloigné de céder aux tentations que lors de mon arrivée ici. Les souffrances vivifient l'amour, elles ne l'éteignent pas. Lancez-le dans les flots de l'enfer, il surnagera. Les vaines offres du monde n'ont aucun attrait pour lui, je me sens tellement inondé de cet amour que la possession des trésors terrestres me fait sourire ; je ne regarde pas même aux idoles que tout fils d'Adam adore.

Vous avez été de mes auditeurs, Monsieur. A votre tour, parlez-moi de votre femme et de vos enfants ; je les salue tous et leur envoie ma bénédiction. Je me réjouis de savoir que vous êtes toujours étroitement uni à Christ. Poursuivez votre voyage, emparez-vous de la cité sainte avec violence, s'il le faut. Que vos robes soient blanches, que vos vierges se préparent à la rencontre du Seigneur qui est leur époux. Si vous laissez agir le monde, il vous suivra jusqu'aux portes du ciel, et, sans doute, vous n'aimerez pas à y entrer avec lui. Retenez ferme la main du Seigneur. Priez pour moi, ainsi que je le fais pour vous. Que le Seigneur Jésus soit avec votre esprit.

A BETHAIA AIRD

La patience et la compassion de Christ subjuguent les murmures dans les épreuves.

Anwoth, 13 mars 1637

Respectable sœur,

Je sais que vous désirez avoir de mes nouvelles. Lors de mon arrivée en ces lieux, Christ et moi n'étions pas d'accord. Le diable plaidait dans la maison, et j'en accusais mon Maître ; mon cœur murmurait sans cesse, je me tourmentais de mon inutilité, je n'avais plus d'emploi dans la vigne du Seigneur, je voilais le soleil aux bonnes plantes par mon oisiveté, en sorte que le méchant serviteur a été mis hors de service. Mes vieux péchés ne contredisaient pas le mal qu'on disait de moi. Je tremblais d'une mauvaise crainte, qui n'était pas selon la vérité, et mon incrédulité disait oui et amen à toutes ces mauvaises choses. Tout considéré, j'étais dans une triste condition. Cependant autour de moi on disait que j'avais sujet de me réjouir, puisque j'avais été jugé digne de souffrir pour Christ ; mais à cela mon cœur répondait que c'étaient des paroles d'hommes qui ne considèrent que l'extérieur et ne sauraient démêler le vrai du faux témoin.

Si Christ eût été aussi obstiné que moi, ma foi se serait évanouie. Mais voici, l'ignorant, l'insensé, rencontrant un Sauveur débonnaire, patient, sage ; Il ne tira nul avantage de ma folie, Il attendit que je fusse calmé et que mon sens naturel fût revenu ; Il ne témoigna nulle colère au pauvre pécheur ; Il lui pardonna miséricordieusement en accordant grâce sur grâce à celui qui ne méritait que rudes châtiments. Ses mains serrent les miennes, et Il m'accorde de telles consolations que dix âmes affamées pourraient s'en nourrir. Cependant je ne puis dire qu'Il en soit trop prodigue, car il me fallait tout ce qu'Il m'a donné pour me relever, un seul grain aurait fait pencher la balance de l'autre côté. Qui peut se comparer à ce Prince royal couronné dans la céleste Sion ? Où Lui trouver un siège digne de Lui ? Aidez-moi à Le louer, ma chère sœur. Son amour n'a ni commencement ni fin ; il Lui est semblable, il passe tout entendement. Désiré-je le sonder ? dirait un enfant dont la faible main voudrait saisir le globe tout entier. Que béni soit le saint nom de mon Sauveur ! Oui, c'est pour la cause de la vérité que je souffre à cette heure, car Jésus ne sourit point au mensonge et ne se porte pas témoin des rêves fugitifs de la nuit. Priez pour moi, et que la bénédiction et les prières du prisonnier soient sur vous. Que la grâce, la paix et la miséricorde vous suivent.

A Jeanne Macmillan

Demeurer en Christ prouve qu'on est à Lui.

Aberdeen, 1637

Respectable sœur,

Je ne puis aller à vous et vous donner de bouche mes conseils, et alors même que ce serait possible, je ne pourrais pas demeurer auprès de vous. Mais vous avez Christ, je vous supplie de vous tenir sous son regard. Vous le savez, j'ai fait ce qui dépendait de moi pour vous mettre en contact avec Lui. Je vous ai fait part de son testament, de ses dernières volontés, je n'ai rien gardé pour moi seul, tout ce que je possédais vous a été donné. A vous donc il appartient maintenant de le conserver, n'en laissez rien échapper, non pas même la moitié d'un cheveu, car c'est la vérité qui vous a été enseignée, et c'est cette vérité qui vous sauvera si vous la suivez. Le salut ne s'obtient pas si facilement, je vous l'ai souvent dit : il n'y en a qu'un petit nombre de sauvés et beaucoup qui périssent. Assurez-vous si votre âme est sauvée et si la recherche du salut est votre tâche journalière. Si vous n'avez jamais été en peine de votre âme, si le péché ne vous a jamais tenue éveillée durant la nuit, vous n'êtes point encore à Christ. Voyez si vous ne portez point quelque marque de votre union avec Lui. Si vous L'aimez plus que le monde, si vous donneriez toutes choses pour Lui et vous sentez prête de quitter toutes les jouissances de la terre pour Jésus, oh! alors votre foi est vraie. Si vous connaissiez la beauté de votre Rédempteur, si vous respiriez les parfums de son amour, vous traverseriez l'eau et le feu pour vous réunir à Lui. Dieu veuille vous le montrer. Je ne puis vous oublier. Que la grâce soit avec vous. Priez pour moi.

A Lady Busbie

Différentes manières d'envisager le péché dans la prospérité et l'adversité. Certitude de salut par le sang de Christ. Gloire dont Il est revêtu dans les cieux.

Aberdeen, 1637

Madame,

J'apprends avec joie que Christ et vous n'êtes qu'un, qu'Il vous est la seule chose nécessaire, tandis que tant d'autres s'usent en vain à en chercher plusieurs qui ne servent point. Il vous est bon d'être à part, en dehors de ce monde, occupée de Christ seul. Vous n'êtes propre qu'à son seul service. Depuis plusieurs années, Il a cherché le chemin de votre cœur en vous envoyant diverses épreuves. C'eût été une pitié de le perdre en vous refusant à tout. Je traverserais à la nage l'enfer et toutes les tempêtes du monde, si je tenais Christ dans mes bras. Mais telle est ma folie, mon malheur, que s'Il ne vient à moi de Lui-même, je ne sais pas aller au-devant de Lui. Quand je Le vois, nous ne réglons jamais de comptes définitifs, car Il ne réclame rien, et je ne paie pas ce que je reste devoir. Oh ! s'Il voulait régler Lui-même tout l'arriéré et me libérer, et que nul que Lui n'eût plus jamais rien à réclamer de moi ! L'esclave de Christ ne connaît pas les liens de la servitude.

Les visitations du Seigneur sont un bienfait. Avant d'en recevoir, je ne me doutais pas que les épreuves et les humiliations des saints soulevassent les cris des petits péchés, et que c'est alors surtout qu'ils font la guerre à la conscience. Au jour de la prospérité, la conscience se met au large, prenant de tout à son aise et à son loisir. Oh! que faible est notre désir du pardon, quand nous sommes livrés à nous-mêmes! Nous nous en jouons jusqu'à ce qu'une lourde croix nous accable et nous détourne de notre idole. Il faut nous traiter durement si nous ne voulons courir le risque de faire un jeu de la grâce et de la miséricorde divine. Heureux celui qui prend Dieu au mot et les choses pour ce qu'elles sont, qui ne tient nul compte de ses bonnes résolutions et comprend ce que c'est que le péché, la justice et la colère de Dieu! Grâce à Dieu, le salut appartient à Christ, il réside dans son regard. La première fois qu'Il me regarda, je me sentis sauvé, un clin d'œil de sa part m'arracha à l'enfer. Oh! quelle puissance que ce don gratuit, que ce sang précieux qui sauve de l'Enfer! Que cette route est belle! Qu'elle est sûre pour celui qui la suit appuyé sur le bras d'un tel Sauveur! Etonnant mystère! admirable salut! Christ et le pécheur ne sont qu'un, le ciel est à eux, le salut leur est acquis. L'amour d'un Dieu ne pouvait pas s'abaisser à une plus grande humiliation. Ne respirez-vous pas le doux parfum des fleurs sauvages qui croissent ici-bas exposées au soleil d'en haut? Elles sont toutes parfaites, celles qui fleurissent en Celui qui est la souveraine beauté.

Par amour pour Christ, nous sommes tous forcés d'aimer le ciel. C'est Lui qui pare la maison de son Père, et revêt de grâce les cieux. Venez, allons à sa rencontre; humons la céleste douceur qui est en Lui. Rien ne nous séparera jamais de son amour. Par ses soins, la route est nettoyée du péché, de l'enfer et de tout ce qui gêne les pas de l'homme dans la vie actuelle, en sorte qu'il peut librement jouir de son Sauveur. N'est-il pas étonnant qu'Il consente à habiter le ciel avec nous, et à faire ses délices de la compagnie de pauvres pécheurs! Le temps fuit; l'Époux, qui est Christ, attend son épouse. La grande salle des noces de l'Agneau est disposée pour le repas. Allons, rendons-nous-y. Insensés que nous sommes, qui nous retient ici? Pourquoi dormir dans cette prison? Allons plutôt au-devant de nos amis, de la félicité qui nous attend dans ce saint hyménée. N'est-il pas aussi l'objet de votre attente, Madame? Voyez, votre Guide est à la porte.

Dieu veuille vous faire miséricorde, lors de la venue du Seigneur. Je vous recommande à sa grâce.

A CARLETOUN

Enseignements de l'affliction. Moyens dont use la Providence.
Mortification du péché. Faiblesses humaines.

Aberdeen, 14 mars 1637

Très honoré Monsieur,

Ce n'est point à l'oubli que j'attribue votre silence. Toutefois, j'ai un Ami qui ne m'oublie pas. Depuis que j'ai été enlevé à la chaire et que je suis en exil et en prison, j'ai appris bien des choses qui étaient auparavant des mystères pour moi. Dans la fournaise de l'épreuve, j'ai connu Celui dont l'amour sans bornes ne me semblait jadis qu'un menteur. Le voile qui couvrait mes yeux était si épais, que je n'étais point assuré de l'existence de Celui qui est la vie même. Mon cœur était dans une si grande agitation, que je me méprenais sur la présence de mon Maître. Ma foi était obscure, mon espérance glacée ; et, bien que mon amour eût quelque trace de bonheur, il n'avait point de flamme ; cependant je ne désespérai pas que quelque bien ne résultât des droits de Christ sur ma personne. Je savais bien que j'avais négligé de les faire valoir, car le tentateur était mon conseiller, attisant toujours au dedans le feu du mal qui me dévorait. Hélas ! je ne connaissais pas alors avec quel talent mon intercesseur, mon avocat, Jésus-Christ, savait faire valoir sa cause, ni avec quelle tendre compassion Il me pardonnerait toutes mes fautes Il s'est approché de mon âme portant la guérison sur ses ailes. Je ne lui dois pas une obole à cette heure, car Il s'est chargé de ma dette. Il m'a attendu, cherché, consolé.

Je crois, en vérité, que mon Seigneur souffre de m'avoir voilé sa face. Et maintenant que me manque-t-il ici-bas ! Christ n'a-t-Il pas comblé de ses biens le prisonnier ? Oh ! qu'Il est bon, qu'Il est aimable... Quelle douleur de ne pouvoir annoncer à personne sa douce présence, et de n'avoir pas ici-bas un cœur digne de servir de trône à mon Seigneur ! On voudrait soumettre mes sentiments à je ne sais quelle mesure, mais, avant d'y accéder, j'attendrai que mon Seigneur m'ait manifesté sa volonté. Je n'ose dire un mot ni pour ni contre ce qui se trame. A quoi servirait-il que des roues brisées voulussent traîner la Providence ? Folie que tout cela, vain regret qui dirige encore mes pensées vers l'accomplissement de mon ministère à Anwoth. J'ai appris à ne plus rien vouloir, à ne point me rebuter contre la tente de Kédar, à ne pas murmurer, parce que je suis éloigné de mes frères, de mes amis. Le monde tourne selon la volonté de Dieu. Ce qu'il veut est toujours bon. Je ne conteste rien ; à quoi me servirait-il de le faire ?

J'ai appris à supporter de plus grandes mortifications sans me plaindre, car voici, mon Seigneur m'entoure de tant de gratuités, que je n'ai rien de plus à désirer. A quoi me servirait d'adorer à genoux la grande idole de ce monde ? Le monde ! Non ! non ! Dieu n'est point un Dieu de bois. Je ne donnerais pas un verre d'eau pour conserver ma vie ; ma vraie demeure n'est pas ici, ce n'est pas ici que se trouve cette maison de mon Père, que j'ai hâte d'habiter. La terre n'est que son marche-pied.

Il est très vrai que la plus grande difficulté est de vivre ici-bas à l'abri de toute tentation. Dès que l'eau cesse de couler, elle se corrompt ; de même la foi a besoin que l'air circule librement autour d'elle, même les orages glacés de l'hiver lui sont utiles. La grâce se flétrit si l'adversité ne l'excite.

Jamais je n'avais aussi bien connu ma faiblesse que depuis que Jésus m'a voilé sa face et que j'ai dû le chercher sept fois le jour. Je sens, en ces moments, que je ne suis qu'un rameau sec, un vieux navire démâté, un os sans vigueur, qui ne soulèverait pas une paille. Mes péchés passés se dressent devant moi comme les appels de la mort.

L'état de mon frère m'a frappé au cœur. Quand mes blessures se cicatrisent, un léger coup suffit pour les faire saigner de nouveau ; mon âme est si sensible, qu'il faut peu de chose pour l'émouvoir. Jugez, d'après cela, combien je serais malheureux si la grâce ne me suffisait pas.

Malheur à moi à cause de l'état de mon pays, malheur à moi à cause des malheurs qui vont fondre sur ses enfants illégitimes. Le décret est passé, les femmes vont s'écrier : « Heureuses les stériles, les femmes qui n'ont point enfanté » (Luc.23.29). La colère du Seigneur s'est enflammée, et elle ne s'éteindra que lorsqu'Il aura accompli ses projets contre l'Ecosse.

La bénédiction du prisonnier est sur vous.

A Lady Busbie

Mérite de Christ et misère de l'homme. Plus de souffrances. Direction que Christ leur donne. Abus que nous faisons de sa bonté. Déplorables effets de la paresse chrétienne.

Aberdeen, 1637

Madame,

Je sais que vous vous occupez de l'œuvre que Christ accomplit en Sion, vous aimeriez à connaître le but des épreuves auxquelles notre pays a été soumis depuis quelques années ; mais ce sont des choses qu'il ne nous appartient pas de savoir. Ce qu'il nous importe, ce que nous devons avoir le plus à cœur, c'est de crier au Tout-Puissant, afin qu'il s'établisse un nouveau tabernacle en Ecosse. Quant à ce qui me concerne en particulier, je suis affligé jusqu'au fond du cœur de me sentir si peu disposé à me confier entièrement à Christ. Pourquoi en est-il ainsi, tandis que nous accordons une si large part à notre bien-être, à nos plaisirs, et une si petite à Celui-là seul qui est digne de tout notre amour ? Qu'Il a de peine à s'emparer de nous ; et, quand nous sommes vaincus, nous ne valons plus la peine d'être conservés. Sans l'amour de Christ, jamais il n'aurait traité avec nous l'alliance de la grâce ; c'est sa charité qui voile nos péchés et notre misère. Il est donc évident que son but est de nous revêtir de sa grâce en nous inclinant à la réclamer et à nous en envelopper.

Si je n'avais pas d'autre force que la mienne, je succomberais avant d'atteindre la venue du ciel. Qui prendrait garde à nous si Jésus ne le faisait pas ? Mais c'est alors que nous sommes le plus faibles qu'Il nous revêt le plus de sa force. Dans nos mauvais jours, s'Il s'était éloigné, les grandes eaux auraient submergé nos âmes.

A la céleste miséricorde appartient de désigner les temps et les lieux ; elle commande au flot de l'affliction d'aller jusque-là, et soudain il s'arrête. A elle appartient de décider le poids d'affliction que nous pouvons supporter. Vous avez bien raison de faire reposer sur Christ toutes vos peines, même les plus légères. Celui qui est affligé dans toutes nos afflictions, ne vous regarde pas d'un œil sec alors que vous pleurez. Tous les saints peuvent affirmer que l'amour qu'on donne à ce monde périssable est en pure perte. A l'heure de la mort et du jugement, les hommes se lamenteront en vain de la déception de leurs cœurs donnés à de fausses apparences, aux songes de la nuit. Il est triste de penser que c'est à cause de son infinie bonté que Christ a tant souffert, et que jamais encore nous n'avons justement apprécié sa miséricorde. Et maintenant nous serons éloignés de la source avant d'avoir mouillé nos lèvres de son eau rafraîchissante. Peut-être un jour viendra où ce sera avec larmes, avec douleur et fatigue que nous Le chercherons, mais l'heure de Le trouver sera passée. Oh ! si cette nation s'humiliait pendant qu'il en est encore temps ! Si elle pouvait rappeler Christ par ses cris, par d'ardentes prières, et le faire rentrer dans l'Église qu'Il est près de quitter. Nous avons mérité qu'Il s'éloigne ; nos iniquités ont appelé ce mal sur nous, car voici, même les enfants du Seigneur se sont endormis. Les docteurs ne s'occupent que des hochets de ce monde, et point de ce qui concerne le royaume de Dieu. On se contente d'une certaine mesure de foi et de sainteté, comme s'il n'en fallait pas davantage pour entrer au ciel, oubliant qu'à mesure que les dons de la lumière se développent, les talents que Dieu nous a confiés doivent croître dans la même proportion. Nous ne saurions nous acquitter envers le Seigneur en lui remettant les vêtements que nous lui présentâmes il y a sept ans, ce serait nous moquer de Lui.

Que de difficultés se dressent sur la route du chrétien ! Que de choses nous refusons à Christ qui Lui appartiennent, sans nous soucier de ce que nous Lui devions déjà.

Je ne puis vous exprimer, Madame, ma profonde gratitude pour tous les soins que vous avez rendus à mon frère étranger et opprimé. Ce que je puis, je le fais en me souvenant de vous devant le Seigneur autant que j'en suis capable. Je vous supplie de faire de même pour moi qui suis dans les chaînes à cause de Christ. Priez le Seigneur de me faire la grâce de pouvoir annoncer sa miséricorde à son peuple. Que sa paix soit sur vous, Madame.

A John Fleming
BAILLIF DE LEITH

Directions chrétiennes. Misères. Pratiques qui ont quelques bons résultats. Des choses dont il faut s'occuper.

Aberdeen, 15 mars 1637

Respectable et bien-aimé frère en notre Seigneur, que la grâce et la miséricorde vous soient accordées. Je ne saurais mieux répondre à vos questions qu'en cherchant à faire de vous un docteur chrétien. Mais de plus savants que moi y ont travaillé déjà plus judicieusement que je ne suis capable de le faire. Je n'ajouterai que quelques mots à leurs instructions.

Je crois convenable de consacrer chaque jour quelques heures, et surtout celle de midi, à la lecture et à la prière. Au milieu des affaires temporelles, faites en sorte de penser au péché, au jugement, à la mort et à l'éternité, en élevant à Dieu votre cœur. Prenez garde aux distractions qui entraînent l'esprit loin de la prière. Un sentiment profond de notre propre souillure, de notre abaissement, nous vaut souvent plus que celui de la joie. Que le jour du Seigneur lui soit entièrement consacré, soit au culte public, soit au particulier. Prenez garde à vos pensées, surtout à celles de la colère et du désir de la vengeance : mettez-vous en garde contre tout désir secret de persécuter la vérité, car sans cesse nous prenons nos passions furibondes pour du zèle. Evitez de rechercher et de publier le péché d'autrui, surtout quand il s'attaque à la conscience. Vous endurciriez votre cœur, si vous lui permettiez ces dangereux exercices. Dans tous vos rapports avec les hommes, observez une scrupuleuse fidélité. Soyez sincère avec tous : déchargez votre conscience de toute parole trompeuse et oisive, en sorte que tout ce qui est en vous, le dehors et le dedans, soit réglé de telle sorte, que tous ceux qui vous verront parlent respectueusement du doux Maître que nous faisons profession d'honorer.

J'ai bien souffert pour n'avoir pas tout remis à mon Dieu, seule fin de toutes choses. Il faut lui tout abandonner et n'agir que pour Lui, que pour sa gloire, soit que vous mangiez, que vous buviez, que vous dormiez, que vous parliez. Que de fois j'ai laissé sortir de chez moi des personnes dont j'aurais pu tirer quelque parti, sans leur dire un mot de ma foi ou de la méchanceté naturelle de l'homme, ni leur faire un seul reproche de leurs jurements continuels, témoins muets de leur mauvaise conduite, et cela parce que je n'avais point toujours à cœur de faire du bien à tous ! Les calamités de l'Église ne m'ont point ému.

Quand je lisais la vie de David, ou de Paul ou de quelque autre, je me sentais humilié d'être à une si grande distance de ces saints sans que je cherchasse à les imiter. Je n'avais point de repentir des péchés de ma jeunesse, ni de ces mouvements impérieux que soulèvent au dedans de nous l'orgueil, la convoitise, la vengeance et l'amour des vanités humaines, ni même de ce que ma charité était si glacée. Je ne prenais aucun souci de n'avoir pas contredit les ennemis de la vérité, soit en public, soit à table, ou dans des entretiens particuliers. Dans des moments de trouble, on m'avait parlé faussement de Christ, et j'avais ajouté foi à ces paroles sans en éprouver aucune douleur.

Au jour de la prospérité, le péché, qui m'a coûté le plus de larmes, était ma lâcheté à prier, et ma disposition à m'occuper d'autre chose que de la seule nécessaire.

Dans beaucoup de circonstances, j'ai trouvé des secours inattendus. Par exemple, un jour où je voyageais seul à cheval, il me fut donné de pouvoir prier sans interruption. D'autres fois, je pouvais le faire pour mes frères ; en les arrosant, je l'étais aussi moi-même. J'ai souvent senti que Dieu entend nos prières, en sorte qu'en toutes circonstances je m'adressais à Lui. Le Seigneur m'enseignait à ne faire aucune question oiseuse, et ainsi ma route était rendue plus facile.

Ces choses et d'autres encore vous donneront une idée de ce que vous m'avez demandé, Monsieur. Prenez garde aux pensées d'athéisme ; il n'est aucun homme, si parfait qu'il soit, qui n'ait parfois été troublé à leur sujet. Avancer dans la grâce, est ce dont il faut s'occuper avec le plus de soin ; et perdre de sa première ardeur, ce qu'il faut le plus déplorer. Priez pour vos ennemis endormis dans leur aveuglement.

Je vous remercie de tous vos soins pour mon frère et pour moi, j'espère que Dieu vous le rendra dans le ciel. Je suis humilié de tout ce que Christ fait pour un pécheur tel que moi. Un trait de feu ronge mon cœur, de telle sorte que toutes les eaux de l'enfer ne parviendraient pas à l'éteindre. Aidez-moi à glorifier Dieu ; priez pour moi. Que la grâce soit avec vous.

A Lady Bogd

La joie des fidèles sur la terre est une assurance des bénédictions dont ils seront les objets dans le ciel. Il est difficile de supporter l'absence de Christ. Sentiment du péché.
Grâce dont le fidèle est l'objet.

Aberdeen, 1er mai 1637

Madame,

Que la grâce et la paix de Dieu notre Père et de notre Seigneur Jésus-Christ soient multipliées sur vous. Je me suis longuement entretenu avec votre fils, me réjouissant de lui voir prendre la bonne route, aujourd'hui surtout où la noblesse s'attache aux beaux côtés de l'Évangile. Elle se plaint que Christ manque de soldats, et ne sait rien faire pour son service. Nos obligations sont grandes envers Christ, Madame.

Les grâces du salut gratuit sont le continuel étonnement des hommes et des anges. La miséricorde divine ne saurait se payer. Vous qui connaissez Christ, travaillez à le placer de manière à ce que tous puissent le voir. Montrez le diable tel qu'il est, sous son voile blanc cachant l'apostasie du présent siècle, se dissimulant sous de vains prétextes. Sept fois le jour je sens faillir mon courage ; je me laisse emporter au courant, et mes pieds touchent en passant « la roche trop élevée pour moi. » Alors Jésus me laisse voir des choses que je n'avais pas encore aperçues. Il me montre le festin préparé dans la grande salle du Roi de gloire. Quelle douceur d'y prendre place, de se rafraîchir après la chaleur du jour ! Lui-même soutient et console les âmes affligées dans la Sion terrestre en leur adressant des messagers de paix. Etonnante pensée ! Quoi ! le plus beau des fils des hommes donnerait un baiser à de pauvres pécheurs ! Puisse ce jour luire bientôt ! Seigneur Jésus, bien-aimé de mon âme, viens, viens bientôt, franchis la distance qui nous sépare avec la rapidité du chamois qui s'élance d'une cime à l'autre. Nous devrions compter les heures, jusqu'à ce que le soleil terrestre disparaisse pour être remplacé par celui qui éclairera nos âmes et les réjouira sans fin dans l'éternité.

Etre éloigné de Christ, tue l'amour ; il faut se placer dans la brise qui a joué autour de Lui, et s'imprégner des parfums célestes qui s'en exhalent. Même dans l'éloignement, même quand Il est comme voilé, un simple signe de tête de sa part est un gage qui nous porte à dire : De quoi donc te plains-tu, insensé que tu es ?

Dans mes sabbats muets et solitaires, parfois je me surprends contestant encore avec mon Seigneur. Puisse-t-il pardonner ces résidus d'amertume qui se trouvent encore au fond de ma coupe !

J'ai reconnu aussi combien je suis méchant ; si l'on me connaissait pour ce que je suis, personne dans le royaume ne se soucierait plus de moi. Ce qui ne vaut pas dix sous, est accepté pour cent ; y a-t-il un plus grand hypocrite que moi, un plus insipide professeur de la vérité ? Dieu sait qu'à cette heure du moins, je parle selon ce qui est. Si l'on inscrivait sur une page mes fautes en grandes lettres, et sur l'autre la miséricorde dont je suis l'indigne objet, c'est bien alors qu'on crierait au miracle.

Assurément l'amertume ne m'a pas manqué, et parfois on ne serait pas surpris de trouver au fond de mon cœur une teinte de désespoir ; mais je suis de ceux qui ont reçu le don gratuit de la grâce. C'est par elle, j'en suis assuré, que mon salut m'est acquis ; le sang de Christ l'a scellé. C'est un don que sa miséricorde m'a librement octroyé. Tout ce que je redoute, c'est de manquer de reconnaissance. Déjà, à plusieurs reprises, cette ingrate paroisse s'est jouée de ses adhérents. Ils se moquent outrageusement de cet aimable Roi ; ils se jouent de Lui, et je ne puis rien pour l'empêcher. Christ est semblable à un antique château que ses habitants auraient abandonné. Tous ou presque tous fuient au loin. Couverte du sac et de la cendre, l'innocente vérité se tord les mains, menant grand deuil sur ses pertes. Malheur ! malheur à moi, à cause du mal qui va fondre sur la vierge d'Ecosse ! Malheur ! trois fois malheur aux Ecossais, à cause de leurs perpétuelles réticences ! Ces choses me causent une telle douleur, que reposer sur un lit emprunté, me chauffer au foyer de l'étranger avec le vent sur mes épaules, éloigné de tous ceux que j'aime, arraché à mon cher troupeau, sont peines de nulle valeur, je n'y prends pas garde au sein des cuisants chagrins qui me rongent le cœur. Mais je ne puis m'empêcher de trouver bienheureux le passereau et l'humble hirondelle, qui attachent leur nid à l'église d'Anwoth. Rien n'a autant éprouvé ma foi que de ne pouvoir plus annoncer la Parole de Dieu. Je voudrais être le seul affligé, et que Dieu gardât tous mes frères dans la paix. Quand Il reviendra à moi, Celui que je ne glorifierai jamais assez, je triompherai avec sa force.

Ayez pitié de moi, Madame ; aidez-moi à louer le Seigneur, car, quoique je sois le plus grand des pécheurs, cependant je suis la prunelle de l'œil de Christ, son honneur, sa gloire. Le Chef de l'Église, pour lequel je suis dans les liens à cette heure, me conduira Lui-même dans l'éternité.

Votre seigneurie et vos enfants ont les prières d'un prisonnier. Que la grâce soit avec vous.

A John Clark

Preuves de la vraie grâce.

Aberdeen, 1637

Frère bien-aimé,

Tenez-vous ferme à Christ sans hésitation. Ne contestez point avec la foi, car il n'est facile ni de la conserver, ni de l'obtenir. Un chrétien paresseux laisse le ciel à la porte comme s'il n'avait point à s'en inquiéter, et puis ensuite on croit qu'on peut le gagner sans faire de grands efforts en restant dans une douce somnolence. Il n'en est pas ainsi. Le Seigneur lui-même ne gagna la cité céleste qu'à la sueur de son front, et cependant Il était né pour en hériter sans coup férir. Il est dans la nature du christianisme d'agir en toute liberté et ouverture de cœur devant Dieu, de le servir soi-même, sous son regard, comme s'il n'y avait pas un autre homme au monde qui pût le faire. Sachez si c'est bien réellement la grâce de Dieu qui est en vous. Placez une barrière quelconque entre vous et les réprouvés. La possession de Christ vous serait-elle assez précieuse, que pour le posséder vous vendissiez tout ce que vous possédez ? L'amour que vous Lui portez-vous tient-il plus éloigné du péché que la peur de l'enfer ? Etes-vous assez humble pour renoncer à votre volonté propre, à votre crédit, à votre esprit, à votre aisance, à la vanité, au monde et à ses honneurs ? On ne saurait faire une profession de foi stérile, elle doit être suivie de bonnes œuvres. Vous devez faire tout à la gloire de Dieu, manger, boire, dormir, acheter, vendre, parler, prier, lire et écouter la Parole avec un cœur disposé à donner gloire à Dieu dans toutes ces choses. Vous devez montrer votre inimitié pour le péché en réprouvant les œuvres des ténèbres, telles que l'ivrognerie, les jurements, le mensonge, quand même pour cela vous devriez être haï du monde. Gardez en vous la sainte vérité telle que je vous l'ai annoncée. Ne suivez point les voies corrompues qui sont entrées dans la maison de Dieu. Laissez agir votre conscience dans toutes les affaires de la vie ; habituez-vous à des prières journalières, soumettez à Dieu toutes vos actions avec des supplications et des actions de grâce. Ne vous inquiétez pas des moqueries, le Seigneur Jésus a été raillé avant vous. Tenez pour certain que mes épreuves actuelles sont la voie de la paix et de la joie finale ; c'est par elles que j'ose entrevoir la mort et l'éternité, bien que d'autres peut-être cherchent une autre route.

    Souvenez-vous de moi dans vos prières ; n'oubliez pas non plus l'Église opprimée. Que la grâce soit avec vous.

Au Laird de Carletoun

Voies de Dieu insondables. Désirs insatiables de l'âme qui cherche son Sauveur. Gloire de la réunion avec Lui.

Aberdeen, 10 mai 1637

Respectable Monsieur,

J'ai appris par vous, avec une vraie joie, que notre Seigneur a commencé l'œuvre extérieure de la délivrance de cette pauvre Église opprimée. Oh ! puisse enfin le soleil luire sur Sion ! Quant à moi, j'attends ce qu'il plaira au Seigneur de faire, espérant que mon doux Maître me donnera de reparaître au milieu de vous. Ce m'est un avant-goût du ciel, que d'user ma vie à réunir des âmes au troupeau de Christ. Rester les bras croisés au milieu d'une moisson abondante qui réclame partout des ouvriers, est une chose accablante ; mon silence m'oppresse. Mais je sais que la volonté de l'Éternel est au-dessus de la nôtre, et que ses jugements passent tout entendement. Il ne m'appartient ni de connaître ni de suivre les voies étonnantes du Seigneur, elles sont insondables en tout ce qui concerne la Providence. Mon Sauveur est devant moi, et je suis tellement enchaîné que je ne puis le suivre : Il est derrière moi, et je ne puis me retourner ni le voir ; Il est au-dessus de moi, mais sa gloire m'éblouit de telle sorte que je ne puis Le considérer en face ; Il est à ma droite, à ma gauche, au dedans de moi ; en route avec moi, Il me suit partout, et sa présence n'est qu'un songe, car je le cherche encore. Je ne puis Le saisir, parce qu'Il est toujours ou plus haut ou plus bas, plus au large ou plus à l'étroit que je n'avais pensé. Ah ! qui suis-je, moi, pour obtenir davantage ? les anges eux-mêmes attendent la manifestation d'une volonté qu'ils ne comprennent pas. Les archanges, qui voient le Seigneur face à face, n'aperçoivent que le bord de son infinité. Ils sont avec Dieu, et ils ne savent rien de Lui.

Quant à moi, c'est un bonheur d'allumer mon sombre flambeau à sa brillante lumière, et de jouir comme un voyageur de sa clarté sur la route, sans qu'elle soit cependant ma propriété.

Je ne cherche et ne désire plus que quelques gouttes d'eau qui humectent mes lèvres, et un sourire parfois de cette céleste physionomie qui s'est révélée à moi. Apercevoir Dieu, est le festin après lequel mon âme soupire. Que n'ai-je les miettes qui tombent de la table du Seigneur ! Un seul éclat brisé du rayon qui l'illumine serait pour moi comme la rosée de mai, comme un soleil d'été qui apparaît joyeux sur les collines, apportant le reflet d'une gloire éternelle. Oh ! si je possédais Christ de quelque manière, si j'éprouvais seulement la pression d'un de ses doigts ! Oh ! si mon Sauveur daignait avoir pitié de ma misère, et m'accordait la moindre parcelle du salut qu'il porte sur ses ailes ! Qu'est-ce pour cette mer infinie et cette source d'un amour inépuisable, que de remplir ces mille milliers de petits vases imperceptibles qui, depuis la création, y puisent sans relâche. Jésus, bien-aimé de mon âme, où es-tu ? Toi qui n'es jamais assez admiré, comment la boue humaine peut-elle s'attacher à toi ? Quelle douleur que l'abîme soit si profond entre le péché et le Seigneur des seigneurs, entre l'âme qui donnerait tout au monde pour être à Christ et vivre avec Lui ! Puisse, du moins, cet amour si faible, si terne, qui est en nous, rencontrer le flot de celui qui est du ciel, qui est infini, et être absorbé en Christ ! Oh ! si nous tous, faibles et petits que nous sommes, pouvions être réunis au Seigneur Jésus-Christ ! Ce qui fait défaut en nous serait vite comblé par ce qui surabonde en Jésus.

Que la grâce soit avec vous.

A R. Gordon de Knokbrex

Prospérité de l'Église. Objet continuel de nos prières. Conflit entre le péché et le besoin de l'amour de Christ. Justification. Sanctification.

Aberdeen, 1637

Cher frère,

Merci de votre lettre d'Edimbourg. Je ne désire pas un autre ciel que celui qui m'est acquis ; mais il est vrai que je soupire après la lumière du soleil des sept jours ; puisse-t-elle briller radieuse et sur moi et sur les Juifs, et sur les Gentils, et sur cette Église desséchée d'Ecosse, et sur ses sœurs d'Irlande et d'Angleterre ; c'est du sein de notre grand Roi seul qu'elle peut jaillir.

Quelle bénédiction ne serait pas le partage de la noblesse de ce pays, si elle se prenait à essuyer les larmes qui tombent de la face du Seigneur, si elle se ceignait de sa ceinture et l'aidait à passer son manteau royal! Glorieux privilège... mais la colère du Tout-Puissant n'est pas encore détournée de l'Ecosse ; cependant de meilleurs jours lui seront accordés, j'en ai la ferme conviction. Le sommet des montagnes sera glorieusement illuminé, et l'on entendra encore les accents de la joie. Veuille le Seigneur nous permettre de plaider avec larmes à ses pieds pour la délivrance de notre chère patrie.

Je sens un grand conflit soulevé en moi à cette heure, entre pécher et mon désir extrême de posséder l'amour de mon Sauveur bien-aimé. Si je ne connaissais la libéralité de Christ, parfois je croirais qu'Il est avare pour moi ; mais il est vrai que mes besoins sont insatiables. La recherche de Christ, le besoin d'être avec Lui et en Lui est presque déjà comme la possession du ciel, car je suis assuré que mon Sauveur est la bonté même, et que, quelque petite que soit la parcelle qu'il nous accorde de son amour, elle nous est déjà un précieux trésor.

Si je considère mon péché, mon salut m'apparaît comme un des plus grands miracles qui se puissent opérer. Je défie tout homme de me montrer quelque chose de plus merveilleux. Ne pouvant lui donner en retour ni argent ni salaire d'aucun genre, Il se contente de ma misère et de ma corruption ; Il la prend à Lui, Il l'efface ; sans cela, comment se pourrait opérer mon union avec Lui ? L'essence de Christ est l'amour ; que ne puis-je me persuader que mon tout est de l'obtenir, d'en être imprégné, si je puis m'exprimer ainsi ! Quelle lourde charge que celle de porter ce cadavre du péché ! combien nous devons désirer que notre Sauveur nous délivre des chaînes qui nous rivent ici-bas !

Je me suis demandé en dernier lieu ce qui doit nous porter le plus à aimer Jésus-Christ, la sanctification ou la justification gratuite. Il me semble que ce doit être la première, car il faut plus d'amour pour sanctifier que pour justifier. C'est par la sanctification que nous sommes faits semblables à Lui, tandis que la justification ne consiste qu'à nous faire jouir du bonheur des anges. La misère d'un homme dont le péché n'est pas pardonné, qui est encore sous la condamnation, n'est pas la même que celle de celui qui sert le péché en accomplissant les œuvres du diable. La sanctification ne peut donc jamais être achetée, elle est sans prix. Grâce à Dieu, Christ s'est fait lui-même notre prix pour être notre sanctification. La moisson des sanctifiés ne sera pas abondante ici, il n'y en aura que peu de sauvés.

Que la grâce soit avec vous.

A John Lawrie

L'amour de Christ se manifeste à l'homme, surtout à l'heure de l'épreuve. La grâce n'est pas prisée ce qu'elle vaut.

Aberdeen, 10 juin 1637

Cher frère,

Je suis fâché que vous et d'autres encore attendiez autant de moi, qui ne suis qu'un roseau brisé. En vérité je ne suis pas digne de ce que vous réclamez. Que ne puis-je faire retentir au loin les louanges de mon royal Souverain, par le bruit des chaînes que je porte pour Celui dont je suis le prisonnier ! Si mes liens édifiaient une seule âme, je les porterais joyeusement ; mais je ne puis rien faire pour mon cher Maître si souverainement aimé, auprès de Lui je ne suis qu'un faible vermisseau.

A quoi servirait-il de dire que le vent du Seigneur a soufflé sur moi, pauvre cadavre desséché ? Mais, puisque vous désirez voir de mon écriture, je vous prie de m'aider à glorifier Christ à cause de cet amour vivifiant qui peut fondre la glace du cœur le plus endurci. Voilà ce que vous pouvez faire pour un prisonnier. Je suis parfaitement assuré que mes épreuves actuelles tourneront à la gloire de Celui qui les envoie. Il m'est doux de glorifier Jésus et sa croix ; si je n'avais pas fait voile pour le ciel, après avoir suivi comme tant d'autres la voie terrestre, je n'aurais peut-être pas connu à ce point l'excellence de la bonté de mon Sauveur. Et voici qu'Il laisse souffler sur moi sa céleste brise ; je désire qu'elle me pénètre jusqu'au fond de ce cœur de fer. J'ignore si je suis plus affligé à cette heure de l'aimer si peu, ou de savoir si mal lui rendre grâce.

Oh ! que n'apaise-t-Il la faim dévorante de mon âme, que ne fait-Il disparaître ma souillure qui y apporte un grand obstacle ! Cependant Il est un Dieu toujours prêt à pardonner, et, quant à mes frères, malheur à moi si je ne parviens à leur donner quelque peu de ce que j'ai reçu de cet océan d'amour. Puisse-t-Il m'enseigner la gratitude, me faire apercevoir sa face et chanter ses louanges ! Une plus étroite communion avec Lui, un seul de ses regards bénis, seraient pour moi un avant-goût du ciel. La charité de l'Époux n'est point hautaine, je le sais, alors même que l'objet sur lequel elle s'exerce en est totalement indigne. Tout ce que j'ai le plus à cœur, c'est de faire pour Lui tout ce dont je suis capable.

Je vous engage à considérer Christ comme devant tenir une plus grande place dans votre cœur que vous ne l'avez fait jusqu'ici ; surtout recherchez davantage la grâce gratuite. Jésus n'est pas connu au milieu de nous. Bien que j'aie plus appris de Lui que je ne l'avais fait encore, cependant je n'entrevois qu'un point de son excellence. L'amour de mon Seigneur vaut mieux que toutes les souffrances ; Il adoucirait... que dis je, Il anéantirait les tourments de l'enfer. Que ne souffrirais-je pas pour le posséder selon mes désirs ? les anges eux-mêmes ne peuvent le sonder ; l'homme ne saurait comprendre la hauteur, la largeur, la profondeur de sa bonté, de sa douceur et de ce pardon qui est toujours par devers Lui. Si des mille milliers d'anges et d'hommes se réunissaient pour démêler la source de son excellence, tous demeureraient confondus devant une si admirable perfection. Que ne puis-je L'approcher d'assez près pour baiser ses pieds, entendre sa voix et respirer l'air qui l'a touché ! Mais, hélas ! le peu que j'obtiens me fait toujours plus désirer d'obtenir davantage.

Souvenez-vous de prier pour moi. Je ne donnerais pas ma dure couche et mes heures de tristesse contre la joie de mes adversaires qui reposent sur le velours.

Que la grâce soit avec vous.

A Cardoness
ancien d'église

Du salut. Difficulté d'une continuelle communion avec Christ. Nécessité d'une soumission vivante. Bonheur de jouir de son amour. Conseils aux jeunes gens.

Aberdeen

Très honoré Monsieur,

Que la grâce, la paix et la miséricorde soient sur vous. Je vous supplie, au nom du bonheur de votre âme, de vous assurer si vous êtes fondé sur la pierre angulaire et si votre salut est opéré. Si vous avez bâti votre édifice sur un sol mouvant, qui porte la mort avec lui, vous perdrez bientôt Christ de vue, et vous vous éloignerez du Rocher qui est votre assurance. Pour l'amour du Seigneur, occupez-vous sérieusement de cette œuvre. Considérez qui vous êtes, éclairé de la pure lumière de Dieu. Le salut n'est point une chose qui se dépose à la porte de tout homme. Avant de mettre à la voile, il est bon de regarder la boussole, car nul vent ne vous ramènera au bord que vous quittez. Souvenez-vous que quand la course sera achevée, quand vous aurez gagné ou perdu le prix, quand votre pied ira se poser au bord de l'éternité, tout le bien que vous croirez avoir fait ne sera plus que les cendres de l'herbe et ne saurait vous empêcher de crier : Pour l'amour de Dieu, une place, une place. Un seul sourire du Seigneur vous réjouira plus alors que la possession du monde entier l'éternité durant. Remettez à Dieu tout ce qui se fait ici-bas, comme choses dont vous ne pouvez prendre soin vous-même. Quand vous boirez la dernière goutte de votre coupe, et que votre dernier jour sera levé, il faudra bien que votre cœur s'arrache aux choses d'ici-bas. Cherchez plutôt à assurer le repos de votre âme en Dieu par Christ. Croyez-moi, ne vous jouez pas du Seigneur. Aimez-Le en toute intégrité, et entretenez une communion journalière avec Lui. Assez de tentations viendront vous troubler chaque jour, et mettre votre vertu à l'épreuve. Que de vaisseaux cinglant à pleines voiles ont péri dans l'espace d'une seule heure ! Que de chrétiens qui n'ont que l'apparence ! Combien d'autres qui courent plusieurs milles sans relâche et n'obtiennent cependant pas le prix !

Cher Monsieur, mon âme serait douloureusement affectée, si je croyais que vos œuvres fussent mauvaises devant Dieu. Mon désir de vous sentir ancré en Christ est si grand, que j'ai des craintes chaque fois que je vous vois hésiter et glisser. Les principes que la conscience n'aperçoit pas sont les plus dangereux. C'est ainsi que souvent on pèche en face de la lumière. Sachez que la conscience qui n'est jamais troublée par la pensée du péché, ne peut pas jouir d'une paix durable avec Dieu. Combien de misérables dorment sous le poids de vieux péchés comme si leur âme était guérie, délivrée !

Cher Monsieur, vous êtes doué d'une nature si élevée, si forte, qu'il vous est plus difficile de mourir au monde et au péché que pour le commun des hommes. Il vous faut une blessure plus large, plus profonde pour vous amener courbé, humilié devant Christ. Prenez cette route nouvelle, avancez doucement ; pour l'amour de Dieu, prosternez-vous à ses pieds, mon cher et digne frère, abaissez-vous davantage encore, la porte du ciel n'est pas haute. Une justice infinie vous attend, mais elle n'acquittera pas le coupable ni le pécheur ; la loi de Dieu ne lui remettra pas une obole. Mais Lui n'oublie ni la caution ni le pécheur. Tout homme doit payer, ou dans sa personne, et le Seigneur vous préserve de vous acquitter ainsi, ou dans la caution qui est Christ.

Ce n'est que par violence que la nature corrompue de l'homme peut être rendue à la sainteté. Il faut que l'homme s'abaisse aux pieds de Jésus, y foulant sa volonté propre, son amour pour le monde, ses plaisirs, ses espérances terrestres et cet instinct naturel du cœur qui le porte vers toutes ces choses. Venez, venez donc voir ce qui vous manque et ce que Christ peut vous donner ; c'est Lui seul qui peut promptement vous décharger de votre fardeau. J'ose affirmer que vous serez mille fois le bienvenu. Mon âme se réjouira de ce qui vous attend ; quant à décrire la félicité de ceux qui lui appartiennent, nulle langue, pas même celle des anges, ne serait en état de le faire, à plus forte raison moins encore celle d'un pauvre captif.

Etonnante chose que l'amour du Sauveur ! Qui pourrait en parler dignement ! Et les cieux ! ces cieux qui ne peuvent le contenir, que sera-ce que d'y habiter, de voir, de toucher, de respirer le parfum de la plus belle fleur de l'arbre de vie ! La vue de mon Sauveur sera déjà pour moi la possession, l'entrée du ciel.

Misérables que nous sommes de nous attacher à cette poussière du monde, tandis que nous négligeons Jésus ! Oui, c'est une grande affliction pour moi qu'il se soit trouvé des âmes qui aient voulu chercher le feu sous la glace et des choses bonnes ou désirables loin de Christ. Christ seul peut calmer notre langueur, notre dévorant besoin d'aimer. Venez donc puiser aux sources d'eau vive, désaltérez-vous à longs traits, vous y trouverez Christ ; Il est cette eau qui ne tarira jamais. J'espère que vos enfants cherchent le Seigneur, je leur souhaite d'être heureux et bénis en Lui et de Le serrer dans leurs bras. Qu'ils prennent garde aux écarts de la jeunesse, aux convoitises de la chair, au gain qui trompe, aux mauvaises compagnies, au mensonge, au blasphème, aux paroles inutiles. Qu'ils soient pleins du Saint-Esprit. Habituez-les à prier chaque jour, et qu'ils fassent provision de la bonne Parole de Dieu qui est leur sagesse et leur assurance. Soulagez l'âme de nos pauvres. Oh ! si mon Seigneur voulait me rappeler parmi eux, que de merveilles je leur raconterais de son grand amour ! Ne recevez pas un étranger qui leur annoncerait une autre doctrine. Priez pour moi, qui suis prisonnier dans l'attente de sa venue. Soyez bénie, Madame, et que l'amour de Dieu et la douce présence de Christ soient avec vous et les vôtres. Que la grâce soit avec vous.

Votre fidèle et affectueux pasteur,

S. R.

A Jeanne Brown

Joies célestes assombries par le péché. Il faut les rechercher avant tout. Les afflictions en accroissent le désir.

Aberdeen, 1637

Madame,

J'attendais avec impatience des nouvelles de votre état spirituel, espérant apprendre que vous avancez vers votre patrie. Vos jours s'enfuient peu à peu, et bientôt vous aurez dépassé les limites du temps présent. Notre vie ici-bas n'est qu'un relais de poste, toutes nos joies sont mêlées de larmes. N'avez-vous pas vu sans cesse le péché enfanter le sourire, puis se terminer dans des pleurs ? et la cause de cette grande misère, quelle est-elle ? sinon cette grande corruption qui empoisonne toutes nos jouissances ici-bas. Oh ! que ne suis-je déjà entré dans ces demeures éternelles où le péché ne régnera plus, où nous ne serons plus retenus dans des liens de fer comme à cette heure ! Seigneur, relâche tes pauvres prisonniers ! Quel est l'enfant de Dieu qui, sur un point ou un autre, n'ait pas quelque raison de reconnaître qu'il a pris part aux vains plaisirs de cette vie, alors même que plus tard il a éprouvé le besoin de s'en éloigner, afin de goûter les joies du repos ! Alors même que le festin actuel serait abondant et somptueux encore, aurions-nous raison de soupirer après ce qui nous attend par-delà ? Crions donc à Dieu, afin que les âmes en souffrance trouvent en Lui le repos qu'elles réclament. O saint et durable repos en Christ, viens me donner ce qui m'est nécessaire, afin que j'en jouisse dans la communion de mon Sauveur ! Heureuses les âmes qui ont franchi le fleuve et dont Jésus-Christ a payé le péage ! elles ont achevé leur fatigant apprentissage ; en liberté dans la cité d'en haut, qui est la nouvelle Jérusalem, elles sont heureuses pour l'éternité.

Oh ! qu'il est triste de se plaire dans ses fers, dans cette vie de péché, dans cette prison, loin de notre Seigneur et de la demeure paternelle ! Que ne pouvons-nous briser la chaîne qui nous lie à ces vanités terrestres, qui ne sont jamais que songes et ombres passagères ! Le ciel alors nous apparaîtrait, et nos cœurs chercheraient plus joyeusement le cher trésor qui s'y trouve caché. Nous aimons la fumée de la terre, parce que nos cœurs et nos pensées y sont attachés ; mais si nous nous élevions à Dieu, nous respirerions l'air céleste ; les habitants des cieux seraient nos frères, et ceux d'ici-bas nous deviendraient étrangers. Les croix que nous avons à porter ne nous sembleraient plus aussi lourdes lorsque nos pensées seraient fixées aux cieux.

J'ignore quel est le genre d'obligations que nous devons à la terre, puisqu'elle n'a que fumée à nous offrir pour toute nourriture. La part qui nous est accordée de ce repas est presque nulle : sommes-nous battus, nous n'osons nous plaindre ; le Seigneur seul sait ce que nous souffrons et comment nous devons suivre notre route. Dieu soit béni de ce qu'il en est ainsi et de ce que nous pouvons encore le prier de nous accorder, au sortir de cette demeure de boue, l'entrée de celle de notre Père céleste. Nous recueillons les meilleurs fruits de la croix, quand, du sein de l'épreuve, nous crions à Dieu de nous admettre dans les célestes demeures, nous étrangers, fatigués, opprimés. Allons donc à Christ, qui est notre héritage. Plions notre tente, posons-la sur nos épaules et rendons-nous dans notre vraie et sainte demeure, car sur cette terre nous n'avons point de cité permanente.

Plein d'espérance, j'attends ce que le Seigneur voudra faire de moi ; qu'Il agisse selon son bon plaisir ; tout ce que je désire, c'est que toute gloire Lui soit rendue. Dans la pleine espérance d'être à Lui, je ne veux agir que sous sa direction. Je demeure son éternel débiteur, car que puis-je faire pour Lui ? Assurément rien. Priez donc pour moi, chère Madame, afin qu'il plaise au Seigneur de m'accorder l'entrée de sa maison, et que je puisse le servir selon ses vues sur moi.

Que la grâce soit avec vous.

A John Gordon

Le salut est une chose certaine.

Aberdeen, 1637

Cher frère,

Je désire vivement connaître l'état de votre âme, et si vous êtes pleinement assuré de l'œuvre de votre salut. Souvenez-vous qu'il est ce que Christ peut vous donner de plus précieux et qu'Il ne l'accorde qu'à un petit nombre d'âmes. Christ a délivré l'humanité qui croit en Lui, en donnant son sang pour les pécheurs. Beaucoup d'hommes croient pouvoir atteindre le ciel de prime-abord, puis ils retombent et n'atteignent jamais le sommet de la montagne. Ils se blessent dans leurs efforts et ils abandonnent la course, parce que le diable leur offre le parfum d'une fleur qui leur semble si délicieux, qu'ils oublient tout pour s'en imprégner. Souvenez-vous qu'il en est plusieurs qui vont en avant et réforment beaucoup d'abus, qui versent des larmes comme Esaü, endurent la faim pour la cause de la vérité comme Juda, qui désirent mourir de la mort des justes comme Balaam, qui parlent et combattent pour le Seigneur comme Saul, qui demandent aux saints de prier pour eux comme Pharaon et Simon Magus, qui professent l'amour de Jésus-Christ comme

Caïphe, qui marchent avec précaution dans la crainte du jugement comme Ahab, qui se détournent de péchés grossiers comme Jéhu, qui écoutent avec satisfaction la Parole de Dieu comme Hérode ; réforment leur vie en disant à Christ : « Maître, je te suivrai partout où tu iras, » comme celui qui voulait servir Jésus (Matth.8.19) ; qui ont goûté le don céleste, qui ont participé aux dons du Saint-Esprit. Oui, toutes ces choses peuvent avoir été ressenties et n'être, après tout, que de l'or faux ou un vil métal non encore éprouvé. Il est écrit que nous devons nous éprouver nous-mêmes, et ne point nous ralentir jusqu'à ce que nous soyons éclairés du soleil de justice. Voilà les directions qui nous sont données ; efforçons-nous de les suivre avec persévérance. Il est impossible que vous entriez au ciel avec votre péché. Celui qui ne veut pas se séparer de son idole, n'aime réellement pas Christ ; il n'est pour lui qu'une occasion de vaines bravades et de paroles inutiles, ce qui ne suffit pas.

Souvenez-vous avec quelle rapidité le temps passe. Déjà votre matin s'est enfui, l'après-midi vient, puis la soirée et la nuit, pendant laquelle on ne peut plus travailler. Ayez à cœur de finir votre journée, de régler tous vos comptes avec le Seigneur ; bénie alors sera votre réunion avec Jésus, ainsi que la voie de tous ceux qui s'assurent en Lui. Dans ces douces pensées, jouissez en paix de vos enfants et du bien-être matériel qui vous est accordé dès ici-bas. Tenez-vous sous le regard béni du Seigneur en toute humilité et simplicité de cœur. Ne vous attachez point au monde, n'en faites pas votre dieu, ni votre ami, car il vous fera défaut un jour ou l'autre. En toute chose, souvenez-vous de l'amour que Christ vous a témoigné, donnez-Lui les prémices de votre cœur ; attachez peu de prix à tout ce qui est hors de Lui. Repoussez loin de vous toutes les pensées entachées de la boue de cette terre. A quoi vous serviraient-elles quand vous comparaîtrez devant votre Juge, et que vous aurez à répondre de toutes vos actions pendant votre pèlerinage ici-bas ? Le Seigneur veuille vous donner de la sagesse en tout temps. Sanctifiez Dieu dans vos paroles, car son nom est saint et digne du plus profond respect. Soyez tempérant, sobre ; l'intimité avec le mal est un péché qui repousse l'homme du ciel. Je ne puis croire que vous goûteriez le ministère d'un étranger qui vous annoncerait une doctrine différente de celle que le Seigneur m'a fait la grâce de prêcher parmi vous, et qui était, je vous l'affirme, tout le conseil de Dieu selon sa Parole. Faites part de cette lettre à votre femme. Rappelez-moi à son souvenir, en lui disant d'accepter pour elle-même les conseils que je viens de vous donner. Je prie pour vous et les vôtres. Demandez au Seigneur de me ramener parmi vous.

Que la grâce vous soit accordée.

A Lady Largire

Le monde et le péché sont les deux écueils qui arrêtent notre course vers les cieux. Il faut être prêt à mourir.

Aberdeen, 1637

Madame,

Que la grâce et la paix soient sur vous. Je vous exhorte au nom du Seigneur à poursuivre votre voyage vers le ciel, et à vous contenter de la part de Christ, qui a été faite à tous ses disciples avant vous ; eux aussi, souvenez-vous-en, eurent toujours le vent contraire. Les voies du Sauveur n'ont pas varié, Il veut que nous suivions notre cher Guide. Hélas ! quels retards apportés à notre course par le péché ! que d'obstacles divers il fait naître sur notre route. Que nous sommes absurdes de chercher d'autres biens et de vouloir autre chose ici-bas que Christ ! Puissions-nous en venir à ne chercher dans l'amour du monde que la goutte d'eau qui étanche en passant la soif du voyageur sans faire nullement partie de ses provisions de voyage. Ainsi que la main d'un enfant ne saurait tenir deux pommes à la fois, nous ne pouvons non plus mener de front deux affections différentes. L'amour de Christ est un trésor inestimable, puissions-nous être tellement liés à Lui qu'il soit notre tout. Tenons-nous prêts, Madame, voiles déployées, attendant que le vent du Seigneur nous fasse avancer. La mort est le dernier appel qui nous sera fait, elle vient sans bruit, elle s'empare de l'âme et place l'éternité en face d'elle. Le Seigneur tient dans sa main les deux côtés du tabernacle terrestre ; de l'une, Il nous place dans une maison de terre qui est le sombre tombeau ; et, de l'autre, Il dépose notre seconde moitié dans le ciel ou dans l'enfer.

Faites en sorte que le Seigneur vous trouve dans la paix, car au dernier moment pas une seconde de plus ne vous sera accordée.

Priez pour Sion et pour moi, pauvre prisonnier, afin que le Seigneur daigne me rappeler au milieu de vous, plein d'amour pour la sainte cause de la vérité, et toujours animé du désir de vous faire part des souverains trésors de son Évangile !

Que la grâce soit avec vous !

Au Jeune Earlstoun

La route du chrétien est semée d'afflictions et de tentations. Folie des murmures. Les soucis diminuent journellement. La gloire céleste sera révélée. Notre persévérance dépend de Christ.

Aberdeen, 1637

Cher et bien-aimé en notre Seigneur,

Je suis toujours dans les liens pour la cause de la vérité. Je crois qu'il est de mon devoir d'attendre avec soumission ce qui doit arriver jusqu'à ce que l'aurore de la céleste matinée brille à l'horizon. Je suis persuadé que c'est une des machinations de l'ennemi de nos âmes qui nous a fait envoyer ici-bas parmi les diables et les hommes, brandons du démon lui-même, exposés à mille tentations, afin que nous souffrions pendant un certain laps de temps. Sans cela, le ciel aurait été notre partage en sortant du sein maternel, nos pieds n'auraient pas foulé cette terre semée de ronces et d'obstacles si divers. Nul de nous n'est à l'abri d'épreuves plus ou moins grandes, selon que la sagesse infinie juge bon de nous les envoyer. Il faut nous habituer à supporter le feu et l'eau, à voir des démons, des bêtes féroces, à endurer des pertes de tout genre, en un mot, à tout supporter pour l'amour de Dieu.

Quelle absurdité de se prendre à pleurer devant un décret d'en haut, qui est immuable ! Pouvons-nous changer aucune des choses que Dieu a faites ? Non, sans doute ; ouvrons donc les portes de notre prison, regardons à Dieu et au ciel notre patrie en nous écriant : O Seigneur, que ton règne vienne ! Oh ! que l'Époux arrive ! Qu'il sera beau ce jour de la liberté ! que sa lumière sera pure, comme elle brillera radieuse dans le firmament !

Si chaque jour une petite pierre était détachée de la muraille, bientôt l'ouverture serait assez grande pour laisser passer le prisonnier, et le rendre à cette liberté glorieuse, objet de tous ses désirs. Je me réjouis dans l'attente de la gloire qui sera révélée, car celle-là n'est point incertaine. Elle ne sera pas ou ceci ou cela, mais bien une ancre ferme, rivée sur le serment de Celui qui est la vérité éternelle. Notre salut a été écrit et scellé par Dieu lui-même ; Christ en est le garant immuable (Malachie ch. 3). Notre Rocher nous soutiendra dans toutes nos tribulations, car Il est assis sur un bon sol, que ni les assauts du monde, ni ceux de l'enfer, ne sauraient ébranler. Que ne pouvons-nous atteindre à la sommité de ce Rocher, alors que la mer orageuse de nos passions est soulevée. Au lieu de cela, sans cesse nous lâchons prise, et nous retombons dans l'eau après quelques efforts. Alors le diable a presque toujours le dessus sur moi, parce qu'il agit sur le point de ma nature corrompue. Hélas ! ici encore nous montrons notre parenté avec lui, en sorte que, plus j'avance, plus j'ai besoin du secours de Celui qui est un parfait Sauveur, qui en a conduit plusieurs à la gloire et qui me sauvera aussi selon sa promesse.

Le ciel est mon rêve continuel, et Christ est le dépôt de toutes mes vaines pensées ; c'est Lui qui doit en disposer. Certes, il n'est pas facile d'empêcher un enfant opiniâtre de crier et de pleurer quand il a perdu son joujou. Il y a bien à faire avant que son éducation soit achevée. Il en est de même de celle de tout fidèle avant qu'il soit lié à Christ. Grâce lui soit rendue de ce que tous ceux qui avaient si mal débuté, ont pourtant été sauvés, depuis que Jésus s'est fait le tuteur de l'humanité.

Que deviendrions-nous sans Lui ? Nous serions perdus. Moins nous avons de confiance en nous-mêmes, plus nous en avons en Jésus, plus notre force augmente. Il nous est bon qu'Il se soit chargé de nous, de voir en Lui notre ciel et de Lui confier notre salut tout entier, Lui qui est la racine, le commencement et la fin de toutes choses. Seigneur, garde-nous ici-bas. C'est à ce Tuteur, à ce riche Seigneur, que je vous recommande. Tenez-vous ferme à Lui jusqu'à sa venue.

Que sa grâce soit avec vous. Souvenez-vous du prisonnier.

Au Laird de Cally

Il faut éviter une froide recherche du ciel. Impossibilité d'y entrer sans vaincre le péché. Il faut se vaincre soi-même et s'abandonner à Christ.

Aberdeen, 1637

Très honoré Monsieur,

J'attends avec impatience des nouvelles de votre âme, espérant que vous cherchez votre salut en Christ uniquement. Je vous en supplie, donnez-vous plus de peine que vous ne l'avez fait jusqu'à cette heure pour entrer au ciel ; n'imitez pas ces lâches et paresseux professeurs de la foi qui ont plus confiance en ce qu'ils font eux-mêmes qu'en la vertu de Christ ; ils se contentent de ces formes extérieures qui satisfont la foule, et se montrent ardents en été, glacés en hiver, selon les impulsions de la chair. Leur boussole semble être dirigée vers le ciel, mais elle tend ailleurs.

Digne et cher Monsieur, séparez-vous de ces vaines pratiques ; usez de violence, s'il le faut, pour entrer dans le royaume de Dieu. Le Seigneur, et tous ses disciples avec Lui, ne sont parvenus au sommet de la montagne qu'après avoir supporté la chaleur du jour. Et nous, nous semblons croire que le ciel s'inclinera auprès de la couche où nous dormons, et que nous y entrerons sans coup férir. Cependant on n'y est pas admis sans traverser une route semée d'épines, des orages terribles y éclatent tout à coup, on y rencontre des ennemis à chaque pas ; il en est de redoutables qu'il faut combattre corps à corps. Impossible de porter ses convoitises au ciel, elles n'y ont pas entrée. Ah ! que nous tardons à nous débarrasser du fardeau qui ralentit notre course ! Croyez-le, ce n'est pas peu de chose d'en venir à se déplaire à soi-même et à plaire au Seigneur. C'est si difficile de faire un pas en dehors de sa volonté propre, de son bien-être, de la direction naturelle de son esprit et de renoncer tellement à soi-même qu'on puisse dire : « Non point à moi, mais à Christ ; non point par moi, mais par la grâce ; non point pour moi, mais pour la gloire de Dieu, parce que son amour m'y contraint, parce que sa Parole le veut ainsi ; non, rien de moi, mais tout parce que Christ l'a ainsi ordonné, car Il est Roi en moi. » Quelle douleur, quelle mort pour notre état naturel quand il faut abandonner sa convoitise, son aisance, son crédit et en venir à considérer Christ comme son Sauveur, son Roi, son Dieu, en reconnaissant que toute grâce est un don de la volonté propre du Seigneur ! L'idole que nous adorons tous, et par-dessus tout, c'est nous-mêmes. Qu'est-ce qui causa la chute d'Eve, qu'est-ce qui lui fit toucher au fruit défendu, si ce n'est cette misérable chose, elle-même ? Qu'est-ce qui conduisit la main du frère meurtrier à tuer Abel ? Qu'est-ce qui entraîna l'ancien monde dans la corruption, sinon ce monde lui-même, agissant sous l'impulsion de son bon plaisir ? Qu'est-ce ce qui fit tomber Salomon dans l'idolâtrie et le porta à se choisir des femmes étrangères, sinon lui-même en recherchant sa propre satisfaction et non celle de Dieu ? Quel appât séduisit David et le fit tomber dans l'adultère, sinon la convoitise de ses yeux ? Qu'est-ce qui le rendit meurtrier, sinon son crédit, son honneur mondain ?

Qu'est-ce qui poussa Pierre à renier son Sauveur ? me fut-ce pas sa crainte pour lui-même ? Qu'est-ce qui entraîna Judas à vendre son Maître pour trente pièces d'argent, sinon l'amour des richesses, l'idole qu'il chérissait ? Qu'est-ce qui décida Démas à abandonner l'Évangile pour ce présent siècle, sinon l'amour de lui-même et de l'argent ? A cause de ses péchés particuliers, tout homme blâme le diable. Mais la demeure principale du démon est au fond de tout cœur d'homme, et il tue tout, puisqu'il le tue lui-même.

Heureux est celui qui renonce à soi-même pour Jésus ! Puissé je ne plus m'obéir à moi-même, mais à Christ ; ne plus suivre *ma* convoitise, mais mon Sauveur ; ne plus rechercher *mon* bien-être, mais la possession de Christ ! Précieuses paroles que celles-ci : « Je vis, non plus moi-même, mais Christ vit en moi » (Gal.2.20). Oh ! si tous quittaient ce qu'ils aiment, ce qui les tente, toutes ces mille choses qui nous étreignent de partout, et qui sont les idoles qu'on place au-dessus de Christ ! Cher Monsieur, pardonnez ma liberté, elle est le résultat de l'amour que je vous porte. Dieu m'est témoin que le salut éternel de votre âme est ce que j'ai le plus à cœur en m'exprimant ainsi. Appliquez-vous à rechercher devant le Seigneur les péchés de votre jeunesse. Le soir de votre vie est plus près maintenant qu'à notre dernière entrevue. Hâtez-vous de terminer votre tâche avant la nuit. Faites en sorte que Christ soit votre tout, et que votre cœur se donne entièrement à Lui. Tenez-vous ferme à sa doctrine ; il en est tant qui L'abandonnent lâchement et Le trahissent. Mais j'espère que vous aimez le Sauveur. Permettez-moi de vous affermir dans sa vérité. La douce voix de mon Sauveur m'est plus précieuse qu'une couronne d'or avec la possession d'un royaume.

Selon ma promesse, je me souviens de vous dans mes prières. Ne m'oubliez pas non plus dans les vôtres ; demandez au Seigneur de me ramener au milieu de vous avec l'Évangile à la main.

Que la grâce soit avec vous.

A John Gordon

Grand prix de l'âme. Dangers de la jeunesse. Délire de la communion avec Christ. Nous devons refléter son image. Mortification. Le péché. Contemplation de la mort.

Aberdeen, 1637

Très cher et bien-aimé en notre Seigneur,

J'attends de vos nouvelles avec une vive impatience. Je me suis beaucoup occupé de votre âme, soit dans mes pensées, soit dans mes prières. Et vous, Monsieur, souvenez-vous quel est le prix attaché au but de cette course si rapide maintenant ; mais une éternité de *bonheur* ou de *malheur* vous attend, suivant la manière dont vous aurez employé ces courtes heures qui fuient si vite. « Cherchez le Seigneur pendant qu'il se trouve. » Il vous attend. Votre âme est d'un grand prix : l'or et l'argent du monde entier ne sauraient la payer. Pour entrer au ciel, il me suffit pas de ne point commettre ces péchés que le monde réprouve, mais il faut encore, et surtout, chercher le salut avec crainte et tremblement. Soumettez à Christ votre volonté propre, les vives saillies de votre esprit et les désirs ardents de la jeunesse. Tant que l'expérience ne vous les a pas enseignés, il vous sera impossible de comprendre les dangers attachés à votre âge.

Voyez plutôt un arbre de haute futaie, il ne se courbe qu'avec la plus grande peine. Travaillez donc avec une activité nouvelle, car la nature corrompue a beaucoup d'amis dans la jeunesse.

Celui qui pèche contre la lumière émousse sa conscience, éteint son flambeau et la rend incapable de lui servir de guide. Quand il en est ainsi, le diable alors ressemble au cheval emporté qui, ayant rompu son frein, emporte son cavalier à travers champs. Apprenez donc à discerner avec l'Apôtre les déceptions du péché. Apprenez aussi à trouver votre joie dans la prière, dans la lecture et de saints entretiens ; quand vous vous plairez à ces choses, peu à peu vous en viendrez à connaître et à aimer Christ jusqu'à ce qu'enfin vous soyez comme imprégné du doux parfum qu'Il répand. Vous gravirez avec Lui le sommet de la montagne, et là vous seront révélées les délices de l'amour spirituel, la gloire et l'excellence de votre Sauveur. Vous ne chercherez plus alors à vous dégager de ses liens pour revenir à vos anciens amis. Alors, et alors seulement, tous les mobiles de votre âme seront d'accord dans leur action, étant dirigés vers un but spirituel. Mais si ce monde et ses convoitises sont vos délices, je ne vois pas ce que Christ peut faire de vous, vous ne sauriez servir de vase à la gloire et à la céleste miséricorde.

Des mille milliers d'âmes dorment dans une fatale sécurité, parce qu'elles me savent pas combien c'est une chose fatale que de tomber dans les mains du Dieu vivant au jour du jugement et de la colère. Craignez l'un et l'autre. Ecoutez les avertissements secrets de votre conscience, et que les autres reconnaissent dans vos actions et vos paroles le mobile de la vie nouvelle créée en vous. Si Jésus est en vous, vos paroles doivent respirer son parfum. Dans les nouveau-nés de Christ, il y a un instinct naturel, semblable à celui de l'oiseau qui, pour élever sa couvée, lui fait rechercher les bosquets, les forêts désertes, plus que toute autre place. De même, l'instinct de l'homme le porte à aimer sa patrie plus que tout autre pays : ainsi encore, l'instinct d'une nature renouvelée, d'une grâce spirituelle, vous fera choisir de certaines œuvres qui se rapportent à votre patrie céleste ; vous chercherez la maison qui n'est pas faite de main d'homme, celle que vous habitez aujourd'hui ne sera plus qu'une prison que le pèlerin loue pendant les jours de son passage, à laquelle il ne s'attache pas, car son pays est le ciel après lequel son cœur soupire.

Ayez soin chaque semaine de fermer quelque entrée au péché et de réformer quelque mauvaise habitude, telle que la colère, la convoitise, l'intempérance ; si vous faites ainsi, vous parviendrez à maîtriser les restes de votre corruption. Aidez-vous des conseils des hommes de Dieu, ne vous endormez point jusqu'à ce que vous osiez regarder la mort en face et confier votre âme à l'éternité.

Déjà beaucoup de vos années se sont écoulées depuis que je vous connais. La trame de votre vie aura une fin, vos mains n'en sauraient arrêter ni prolonger le cours. Quand les murailles de votre maison terrestre crouleront, quand la vie rendra à la mort et au jugement votre dépouille terrestre, quand votre temps sera achevé, que penserez-vous de vos plaisirs, de ces idoles qui vous charment peut-être encore à cette heure ? Que ne donneriez-vous pas alors pour la moindre des faveurs du Seigneur ? De quel prix ne paieriez-vous pas le pardon ? Ne peut-on pas supposer que vous direz alors : Quoi ! l'étang de feu et de soufre est mon salaire ! c'est là ce que j'ai mérité ! J'en suis venu là ! je n'ai plus de part que dans les ténèbres du dehors ! J'appartiens au diable, je suis chassé de la présence de Dieu ; c'est la puissance de la mort seconde qui agit sur moi ! Quelle horreur s'emparerait de vous, quelle affreuse souffrance que de reprendre une à une toutes vos actions, toutes vos pensées, toutes vos paroles, et de voir alors et en face le néant de l'estime que vous vous portiez ici-bas !... O cher Monsieur, réveillez-vous à la justice ! Aimez votre pauvre âme, et, après avoir lu ma lettre, dites-vous à vous-même : Le Seigneur me redemandera compte de l'appel qui vient de m'être adressé.

Que Christ habite dans votre famille. Je bénis vos enfants. Que la grâce soit avec vous.

A JOHN KENNEDY

> Puissance de l'amour de Christ. Celui qui en jouit ici-bas a un avant-goût des joies célestes. Plus on en est pénétré, mieux on reconnaît sa propre souillure.

Aberdeen, 1637

Ces lignes serviront de témoignage à ce qui s'est passé entre Christ et moi. J'étais devant Lui comme un jeune orphelin abandonné et qui ne connaît pas ses parents. Il fallait donc ou que Christ me recueillît à Lui, ou que je me perdisse dans le désert. Et voici, Il m'a fait une place auprès de Lui, sa maison est devenue la mienne. Quand Il se prit à m'aimer, Il ne demanda pas si j'étais beau ou laid; car son amour ne fait point acception de personne. Il m'aima avant que je m'en doutasse, et aujourd'hui je possède la fleur de son amour. Qu'y a-t-il de plus doux que le parfum d'une belle rose épanouie au milieu du feuillage? Il ne me manque rien, sinon le moyen de montrer ce que j'éprouve. Oh! si je pouvais exprimer le feu qui me dévore et en enflammer beaucoup d'autres à la gloire de Christ! N'est-ce pas une pitié qu'il y ait tant de voix rendues muettes, parce qu'elles ont chanté les louanges du Seigneur! parce qu'elles ont parlé de cet amour qui tiendrait en une continuelle adoration les hommes et les anges si on les laissait libres d'exprimer ce qu'ils éprouvent. Hélas ! que puis-je dire à ce sujet ! mais trois choses m'étonnent : c'est d'abord tant de péchés entassés comme à plaisir devant l'amour de Christ ; la douceur infinie dont cet amour est revêtu, car, alors même que Jésus frappe, le coup est toujours donné pour le bien de l'âme, qui se console en étant châtiée par cette douce main ; enfin, quelle puissance, quelle force se trouve dans cet amour ; celui qui le possède franchirait l'enfer, traverserait les eaux sans les toucher, tomberait dans le feu sans se brûler, triompherait, en un mot, de toutes les disgrâces et se réjouirait à l'approche de la mort. Époux de mon âme, viens à moi, je t'attends ! L'épouse, qui est l'Église, est prête ; que n'êtes-vous déjà l'un et l'autre enlevés dans les cieux ! Avec quelle désespérante lenteur s'écoule le temps pour ceux qui languissent dans l'espoir d'être bientôt absorbés en Christ ! Que n'a-t-Il assez pitié d'un pauvre prisonnier, pour lui accorder une goutte du saint breuvage : la joie éternelle de celui qui aime son Sauveur ! Viens donc, ô mon Dieu, afin que je jouisse de toi une fois encore avant de mourir ! Ce n'est pas pour rien qu'il est dit : « Christ est en vous l'espérance de la gloire » (Coloss.1.27). Dès ici-bas posséder Christ par la foi, c'est l'avant-coureur de la gloire céleste et le gage le plus assuré que nous en jouirons avec Lui. Nous jeunes gens, nous devrions sans cesse soupirer après cette vie céleste dont les plus brillantes couleurs ici-bas ne sont qu'une vaine ombre en comparaison de celles du royaume de Dieu. Si nous ne pouvons obtenir de contempler l'Époux de nos âmes et l'accomplissement immédiat des promesses qui nous sont faites en Lui, contentons-nous des miettes qui tombent de sa table, jusqu'à ce que nous soyons admis au festin des noces de l'Agneau.

Le couvert est mis pour moi, la soirée s'avance. Viens, ô mon bien-aimé, viens bientôt ! Oh ! le plus beau des jours, quand luirastu ? Disparaissez, ombres de la nuit. Ce qui cause notre tourment spirituel, c'est que notre amour, uni à notre espérance, ne peut s'accomplir sans elle. Quelle peine ne serait-ce pas d'attendre sans espoir !

Je demeure confondu des manifestations de l'amour de Jésus ; comment sa justice en laisse-t-elle une seule trace ? Je L'ai tant offensé ! Ah ! si l'on me connaissait tel que je suis, comme on s'écrierait : N'êtes-vous pas honteux de demeurer en présence de l'amour du Sauveur ?

Ce que je souhaite maintenant, c'est que mon Seigneur m'accorde de plus profondes et sérieuses pensées sur ce qu'il fait pour moi. Que ne puis-je en connaître toute la valeur. En vain ma langue se fatiguerait à Le louer ; que peut-elle pour Lui, vermisseaux que nous sommes, indignes de l'approcher jamais ; et pourtant Il nous tend les bras, Il veut que nous venions à Lui ! Oh ! mystère inexplicable, mes bras me sauraient jamais mesurer la hauteur et la profondeur de son amour. Il faut donc que ma dette envers Lui reste non acquittée pendant toute l'éternité, avec celle de tous ceux qui sont entrés au ciel avant moi.

O vous tous, mes chers compatriotes, venez contempler la perfection infinie de votre Sauveur ! Plût à Dieu que je pusse lui amener de nombreux adorateurs ; mais cette nation a abandonné les sources d'eau vive. Le Seigneur ne la fait pas couler sur des charbons éteints. Malheur donc à ce pays, à cause de la colère du Seigneur qui va fondre sur lui !

Que la grâce soit avec vous.

A Marguerite Ballantine

Une seule chose est nécessaire, à savoir si notre âme est sauvée.
Chercher Christ avant toutes choses.

Aberdeen, 1637

S. R.

Madame,

Il y a longtemps que j'aurais dû vous écrire, mais c'est assez tôt encore si je puis aider votre âme à avancer d'un pas plus rapide vers votre céleste patrie. Hâtez-vous, car la mesure de vos jours sera bientôt comblée, soit que nous veillions, soit que nous dormions, le sablier de tout homme n'en laisse pas moins couler le sable. Prenez garde, ne vous trompez pas sur l'aurore de votre salut, car ce serait pour vous un malheur éternel. Que reste-t-il au pécheur qui a perdu son âme ? Pendant deux jours on brûle sa maison à un feu dont la fumée vous étouffe sans vous chauffer ; puis après, il faut entrer dans la douleur revêtue d'une honte éternelle. Une mesure de foi qui me satisferait, serait de croire réellement, sincèrement à la doctrine de la justice de Dieu ; à sa dévorante colère, qui est ce feu qui brûlera les pécheurs dans l'étang ardent de feu et de soufre. Le seul bien qu'ils souhaiteront alors, sera une goutte d'eau froide pour rafraîchir leur langue. Ah! qu'alors ils achèteraient la mort volontiers! mais il n'y aura point de marché où il soit possible d'acheter ou de vendre la vie et la mort. Hélas! la plupart des hommes vont prendre place dans ce lieu de tourment. On va, on vient, on se réjouit, on dort et l'on oublie la seule chose nécessaire. Je vous conseille de vous tenir prête à suivre Jésus. Il est encore près de vous; efforcez-vous de l'atteindre. Qu'y a-t-il de plus nécessaire que le salut? Loin de moi toute folle pensée qui ne s'y rapporte pas! Si l'on annonçait que le salut est offert dans une vente publique, que de personnes se hâteraient d'accourir à l'heure précise!

Veuille Dieu ne me donner aucun autre salut que celui qu'un monde aveugle laisse échapper sans y prendre garde. Je vous dirai aussi avec Esaïe.50.2 : Pourquoi donnez-vous l'argent pour ce qui ne nourrit point? Ecoutez-moi attentivement, et Christ vous donnera en son sang tout ce qui vous est bon. Que d'Esaüs affamés vendent ce qu'ils avaient de meilleur, suivent la chasse et perdent leur part de bénédiction! Et en fin de compte, que leur reste-t-il? Ils n'ont rien à souper, ils se couchent sans avoir mangé et meurent sans qu'un rayon du soleil de justice ait passé sur eux; Dieu leur a dit: « C'est de ma main que tout ceci vous est arrivé; vous mourrez dans les tourments ». Le chagrin pour oreiller est la pire couche qu'un homme puisse avoir; elle ne lui donnera ni repos ni sommeil. Réveillez donc votre âme et voyez si elle marche de compagnie avec Christ. Ceux qui n'ont jamais souffert dans leur cœur à cause de Lui ne le connaissent pas. Beaucoup d'âmes croient l'avoir trouvé sans avoir jamais veillé une nuit dans la crainte de ne pas le posséder. Celui qui rêve la nuit qu'il est fort riche, l'est-il davantage quand il se réveille? Au grand jour des rétributions, que seront tous les pécheurs condamnés au feu éternel, sinon de pauvres songeurs qui se sont trompés eux-mêmes. Chacun alors dira en se réveillant : Quoi ! ce n'était qu'un rêve ! Tout homme racontera le sien.

Je vous supplie, au nom du Seigneur Jésus, de prendre garde à ce que vous faites quant à l'aurore de votre salut. Vous ne pouvez, sous aucun prétexte, vous passer de Christ. Dès ce jour, convoquez toutes vos idoles et donnez-leur congé ; puis, saisissant la main de Jésus, dites-lui que dorénavant vous n'aurez de bonheur qu'en Lui, et que, quand la mort viendra, c'est Lui, Lui seul qu'il vous faut. Il n'est pas difficile à trouver, ni avare de son amour. Que j'aurais été à plaindre s'Il s'était offert à moi sans se donner entièrement !

Grâce à Dieu je puis vous assurer que mon Seigneur ne peut être ni acheté, ni vendu, ni changé. Quand vous serez debout devant Lui, vos idoles rougiront de honte. Malheur à toute affection qui n'est pas dirigée par Christ ! Une faim éternelle attend tous ceux qui ne sont pas rassasiés en Lui, et qui ne placent pas leur joie dans l'espérance de Le rejoindre au ciel. Honte éternelle sur toute gloire qui n'est pas celle de Christ ; mort sur toute vie autre que la sienne ! O mon Dieu ! qu'est-ce donc qui peut nous attirer loin de Lui ! Puissions-nous Le rejoindre véritablement !

En vous recommandant à Christ pour toujours, je demeure votre, etc.

A JOHN GORDON

Fatale méprise sur le salut. Il faut s'assurer du salut. Conseils à ceux qui manquent d'assurance et aux fidèles dans le deuil.

Aberdeen, 16 juin 1637

Très cher et honoré frère dans la grâce du Seigneur, que sa paix et sa miséricorde soient sur vous. Mon âme s'impatientait de savoir dans quelle position vous êtes en présence de Christ, et si l'œuvre spirituelle avance dans cette paroisse, de telle sorte qu'elle puisse résister à l'épreuve de l'eau et du feu.

Je serai pesé dans la balance du Seigneur à cause de vos âmes. Je suis lié à vous, nous devons nous coucher et nous lever ensemble. Même dans les songes de la nuit, je pense à vous. Vous tenez une grande place dans mes soupirs, mes supplications et mes prières. Que ne puis-je acheter votre salut aux dépens de mes propres souffrances, en sorte que nous nous retrouvions joyeux dans les demeures éternelles en présence de notre Juge ! Veuille le Seigneur me préserver d'avoir rien de fâcheux à déposer contre vous, dans ce jour qui sera le dernier ! Puisse Celui qui fait revivre les morts donner l'accroissement au grain que j'ai semé parmi vous ! Quelle plus grande joie pourrions-nous avoir (Christ excepté) de ce côté de la tombe, que de sentir de pauvres âmes en sûreté et préservées de toutes les chances mauvaises !

Faites part de cette lettre à mon troupeau, Monsieur ; quand je vous écris, il me semble que c'est à chacun de ses membres en particulier, jeunes et vieux. Rendez ma joie complète en cherchant le Seigneur. Je suis certain de vous avoir annoncé et fait connaître à tous ce prince aimable et royal, le Seigneur Jésus. Malheur à vous, malheur à tout jamais si l'Évangile ne vous était pas en odeur de vie ! Autant de sermons j'ai prêchés parmi vous, autant de vérités je vous ai annoncées, autant de comptes vous aurez à rendre quand le Seigneur viendra plaider contre tout le mal qui se sera fait dans le monde.

Croyez-moi, le ciel est une cité d'un accès difficile, les justes eux-mêmes auront de la peine à y pénétrer ; seuls, les violents emporteront la place d'assaut. Combien d'hommes s'abusent, car tous veulent aller au ciel ; il n'est pas un misérable, couvert de boue, qui n'espère entrer dans la nouvelle Jérusalem. Tous prétendent avoir la foi, et la plupart ne savent pas que la moindre déviation de route leur est fatale, et qu'aucune perte n'est comparable à celle de manquer la route du ciel. Prenez-y garde, ne négligez rien de ce qui peut vous l'assurer. Vous ne savez pas avec quelle promptitude le Juge viendra. Quant à vous, je sais que la mort est suspendue sur votre tête, et que, si elle tarde encore, c'est parce que Dieu vous accorde un peu de temps pour vous préparer à sa rencontre. Pensez à ces choses, car voici, le temps est court et l'éternité vient, rapide comme le vent. Un seul faux pas en sortant de cette vie a ceci de semblable au péché contre le Saint-Esprit, c'est qu'il ne peut jamais être pardonné, parce que vous ne pouvez pas traverser une seconde fois l'abîme, ni pleurer sur vos péchés. Je sais que vous avez beaucoup de comptes à régler avec le Seigneur. Mettez-les en ordre ; ne perdez pas de temps, car, en vous jouant de la mort, vous perdez le prix de votre âme. Pour l'amour du Seigneur, n'allez pas disperser un si précieux trésor. Que de fois je vous ai témoigné, soit en public, soit en particulier, mon déplaisir des voies dans lesquelles vous vous lanciez. Je ne puis voir de mes yeux ce que vous faites maintenant, mais il est un Juge dans les demeures éternelles qui vous aperçoit toujours. Au nom des miséricordes de Dieu et du salut de votre âme, je vous supplie de changer de route. N'attendez pas que vos yeux se ferment et que vous sortiez de cette maison de boue pour comparaître devant votre Juge souverain. Après avoir lu cette lettre, tournez le dos au mal, avant que la mesure de vos jours ne soit comblée. Assurez-vous que le ciel vous appartient. Ayez l'entière certitude que vous êtes en Christ. Quelques-uns « ont été faits participants du Saint-Esprit, et ont goûté le don céleste » (Hébr.6.47), sans avoir cependant de part avec Christ. Il en est qui s'imaginent croire et ne tremblent jamais ; en cela ils dépassent les démons (Jacq.2.19).

Assurez-vous que vous êtes plus avancé que les professeurs ordinaires. A peine si la sixième partie de vos jours est encore devant vous. Hâtez-vous, la marée n'attend pas. Parlez à Christ de tous vos secrets, de toutes vos affaires ; mieux vaut les Lui confier à cette heure que s'Il s'en empare ensuite et de vive force. Je n'ai jamais aussi nettement compris ce que c'est que le péché que depuis que je suis à Aberdeen, et, cependant, je vous en parlais souvent dans mes prédications. Pour bien parler de l'enfer, il faut en sentir la fumée à une demi-heure de distance ; il faut avoir entrevu l'étang ardent de feu et de soufre, se sentir lié, pieds et mains, et lancé au milieu de cette onde amère, dont Dieu ferme la porte qui ne s'ouvrira plus jamais ! Oh ! quelle désolante pensée, et qu'elle est propre à réveiller une conscience qui a encore quelque étincelle de vie ! Dans mes heures de tristesse, les fruits de mes travaux passés se représentent à ma pensée. Je vois encore ce cher troupeau que je nourrissais de la Parole de vie, auquel j'ai parlé de la corruption qui s'introduit dans la maison de Dieu, et ainsi mon royal et cher Maître m'accorde encore des moments d'une grande douceur passés avec Lui. Son amour s'est posé sur moi, de telle sorte que parfois je succombe sous le poids de ma gratitude. Que ne puis-je sans cesse reposer sur son sein mon âme fatiguée ! Que ne suis-je en liberté ! Que ne puis-je raconter les merveilleuses choses faites en toute âme qui se donne à Lui et goûte l'inexprimable douceur de le connaître et de se vouer à son service ! Mais, hélas ! combien peu de voix chantent son incomparable excellence ! Et que puis-je, moi, pauvre prisonnier, pour l'exalter !

Mon très cher en notre Seigneur, tenez ferme ce que vous avez reçu : gardez le trésor de la foi, combattez pour Christ, attachez-vous à Lui. Considérez comme une faveur de Dieu l'inimitié des hommes. Il n'y a point de comparaison entre l'une et l'autre. Veuille mon Seigneur rendre ma joie complète en gardant pure de toute souillure la jeune épouse de Christ (l'Église) qui est à Anwoth. Quant à ceux qui, depuis mon départ, sont retournés à leurs idoles, je leur enjoins de se repentir et de revenir au Seigneur, sinon, au nom et en l'autorité de mon Maître, je leur annonce la vengeance et la malédiction de Dieu. Et vous, pauvres âmes qui menez deuil et dont le cœur est brisé, qui que vous soyez, si vous croyez au salut gratuit, demandez à Christ de mettre son doux baume sur votre blessure, Pauvre et humble fidèle, Christ est là ; Il a répandu son sang pour expier tes péchés, *à toi*, le ciel est promis à *ton* âme, jadis bannie du paradis. Avant qu'il soit longtemps Christ te prouvera avec quelle vérité j'ai parlé ! Puissiez-vous tous être rendus sages et chercher votre Sauveur jusqu'à ce que vous l'ayez trouvé ! Quelle douleur serait la mienne, si les neuf années de semailles faites parmi vous ne portaient aucun fruit ! Ai-je été envoyé seulement pour vous sommer de comparaître devant votre Juge, et laisser ensuite cette sommation à la porte de vos demeures ? N'ai-je été que le témoin muet de vos plaintes ? Dieu m'en préserve ! Au contraire, ne vous ai-je pas annoncé que vous seriez passé au van, parce que vous avez méprisé la Parole de Dieu ? Ne vous ai-je pas parlé de la colère divine qui allait fondre sur l'Ecosse, parce que vous avez brisé l'alliance de la grâce ?

O mon cher Monsieur, et toi mon troupeau bien-aimé, ma joie, ma couronne en notre Seigneur, craignez-Le, cherchez-Le, et puisse sa face sauver vos âmes ! Colombes sorties de l'arche, revenez et posez-vous sur les fenêtres de Christ ; priez-Le avec ardeur et rendez grâce pour moi. Que la bénédiction de Dieu, ainsi que les prières d'un pauvre prisonnier, votre fidèle pasteur, soient sur vous.

Au Jeune Earlstoun

Dangers de la jeunesse. Christ, médecin des âmes. Foi et présomption. Christ notre tout. La foi mise en pratique. Expériences de M. Rutherford pendant son bannissement.

Aberdeen, 16 juin 1637

Très honoré et bien-aimé en notre Seigneur, une des choses que j'ai le plus à cœur de vous dire, c'est que le principal obstacle entre le ciel et vous, c'est la jeunesse ; rien ne rend la route aussi glissante et difficile, je vous l'affirme, et cela par ma propre expérience. Encore aujourd'hui les vieilles cendres des péchés de ma jeunesse couvent en moi un feu dévorant. J'ai vu le démon tel qu'il est, mort, anéanti ; puis reparaissant encore et se montrant pire qu'il n'était auparavant. Prenez donc garde à un démon qui n'aurait point encore été foulé aux pieds. Le piège caché sous des fleurs est le plus redoutable, et j'entends par là les passions ardentes de la jeunesse. Que trouve l'esprit du mal dans la jeunesse ? Du bois sec et du charbon sur un foyer préparé ; il allume le feu et l'attise, et voilà une maison toute en flammes. Des pensées de sanctification sont un bois qui ne brûle pas au souffle de Satan. Cependant, que sont tous les saints triomphants dans le ciel, debout devant le trône de l'Agneau, sinon ces mendiants perdus et rachetés par la pure grâce de Christ ? Leur rédemption est entière, complète. La vôtre se fait maintenant. Tous les enfants de Christ marchent vers le ciel marqués au front et boiteux. Laissez agir Christ, Il saura utiliser les appels qu'Il vous adresse. Soyez satisfaits de Lui donner quelque chose à faire. Je suis content qu'Il daigne s'employer pour vous.

Confiez vos plaies saignantes aux soins de ce docteur expérimenté. Laissez agir sa grâce auprès de votre corruption ; Il sait ce qu'Il doit faire de vos péchés. Je ne chercherai point à diminuer votre abattement ni vos craintes sur votre endurcissement naturel. Il est telle blessure dont le sang s'étanche avec peine. Ayez une maison près de Votre Docteur. En vérité, ce serait un miracle s'il ne vous guérissait pas. Non, non, Il est fidèle ; c'est Lui-même qui a dit aux pécheurs : « Je ne mettrai point dehors celui qui viendra à moi » (Jean.6.37). Prenez ces paroles pour vous, ce n'est point une présomption de se les appliquer quand on sent sa blessure saignante et douloureuse. La présomption n'a que les apparences de la maladie, elle ne guérit pas intérieurement ; tandis que la foi, au contraire, sent son mal et regarde aux promesses de son Sauveur, et, dès qu'elle trouve Christ, elle le reconnaît et le suit incontinent.

Christ est pleinement suffisant pour vous donner tout ce qui vous est bon. Il ne se contente pas de faire de vaines promesses, mais, selon sa miséricorde, Il s'adresse à chacun de vos péchés. Je vous assure que c'est une rude tâche pour un pauvre homme affamé que de chercher son Dieu quand il se voile. En vain la clef du cellier fût-elle cachée, la faim saura briser les verrous, fussent-ils d'airain. Je ne réprimande pas ceux qui crient à haute voix en recherchant leur Sauveur. Quand Il se cache, ce n'est pas le moment d'attendre, mais bien de chercher. Plus Il est rare, plus Il est précieux au pécheur. Quoi de plus étonnant que cette manifestation du Sauveur à un pauvre cœur d'homme ! Ce miracle, cependant, est vu de tous ceux qui le veulent, car nul ne soupire et ne cherche, sans finir par trouver et chanter de joie.

N'ayez pas de honte de demander. Si vous souffrez loin de Christ, vous obtiendrez que sa porte vous soit ouverte en venant y frapper.

Quant à vos doutes, voici ce que je puis vous dire : votre cœur n'est pas la boussole qui dirige le Seigneur. Il vous permet de chanter, mais Lui ne danse pas aux sons de votre musique. Ce qu'il veut faire de vous ne vous est pas encore révélé.

Vos pensées ne font pas partie de la nouvelle alliance, vos rêves ne changent pas Christ. Votre péché, c'est le doute. Apprenez donc par votre propre expérience que la foi n'est pas un don naturel, mais gratuit, selon la grâce du Seigneur. Le salut n'est pas l'œuvre de la foi, mais uniquement de Dieu. L'honneur du Seigneur est attaché à l'accomplissement de ses promesses, et c'est une œuvre de pure miséricorde. La foi consiste à croire que nos péchés sont effacés en Jésus-Christ. S'il vous semble obtenir moins aujourd'hui qu'autrefois, c'est que, lors de votre conversion, le Seigneur daignait vous nourrir de sa main ; mais, en avançant, il nous faut prendre le ciel et Christ par la violence. Ce que nous obtenons ainsi, Il s'est engagé à nous le confirmer. Vivez donc chaque jour en combattant contre vous-même. L'oisiveté vous serait plus pernicieuse encore qu'autrefois ; nous ne sommes pas au temps où les enfants de Dieu peuvent espérer de trouver leur nourriture toute prête.

Quant à moi, je ne suis pas l'homme qui convient à cette nation. Je ne suis qu'un corps sans force, une herbe qui croît inutile sur la terre. Si Christ venait m'interroger sur la sainte cause pour laquelle je souffre à cette heure, comment oserais je dire que mon salut est chose faite ? Mon Maître ne pourrait-Il pas me dire : N'es-tu pas honteux de réclamer le ciel, toi qui fais si peu pour l'avancement de mon règne ?

Je suis souvent dans une disposition telle, que je ne sais pas si je surnage ou suis enfoncé sous les eaux. Qu'ai je à mettre dans la balance de Christ, sinon mon orgueil ? et elle n'accepte point de semblable métal. Pour être accepté, il faut que la justice du Seigneur vienne s'y placer et la fasse incliner de notre côté. Je ne puis trafiquer qu'avec la marchandise d'autrui, car je ne possède absolument rien. Si mon créancier, Christ reprenait ce qu'Il m'a prêté, je ne pourrais pas continuer ma route, mais ce qui est à Lui, Il veut bien me le donner. Abrité sous son aile, non seulement j'échappe à mes ennemis, mais encore je remporte sur eux la victoire.

Lorsque Christ s'approche de moi, il me semble que sa visite est toujours trop courte, et, quand Il s'éloigne, je me sens comme brûlé intérieurement de l'amour qu'Il m'a inspiré. Mon plus grand bonheur est de l'aimer, mon plus doux souvenir de penser au temps où Il était près de moi. Si dans ma captivité je puis chanter ses louanges en la sainte compagnie des anges, alors qu'importe la durée de mon exil. Que ne puis-je faire couler sur les trois royaumes réunis les flots de la gloire céleste !

O Toi, le plus beau entre les fils des hommes, pourquoi tardes-tu tant à venir ? Ouvrez-vous, cieux ! Oh ! vous tous, anges et séraphins, esprits bienheureux qui le contemplez face à face, vos harpes ne sauraient redire toutes les louanges de la plus belle des fleurs de cette rose parfumée de Saron, qui se voit dans tous les mondes !

A Robert Stewart

Bénédictions accordées à ceux qui sont retenus dans la fournaise des afflictions. Piété dans la jeunesse. Vigilance. La conversion. Gloire de Christ. Sa manifestation dès ici-bas.

Aberdeen, 17 juin 1637

Mon bien cher frère,

Que la grâce, la paix et la miséricorde soient sur vous. Vous êtes mille fois le bienvenu pour partager mes souffrances dans la main du Seigneur ; Dieu veuille vous accorder beaucoup de joie au service de votre nouveau Maître ! Tout ce que je désire, c'est que le Saint-Esprit vous révèle ce qui se passe dans cette demeure. Efforcez-vous d'obtenir quelque preuve de la miséricorde du Seigneur. Par la foi, remettez-Lui toutes choses, soulagez-vous du poids qui vous oppresse. Il peut et veut tout porter pour vous, alors même que l'enfer vous surchargerait.

Je me réjouis de sa venue pour vous et de ce qu'Il vous a sorti de la fournaise. C'est là qu'Il a examiné ce que vous êtes. « C'est pourquoi, voici, je l'attirerai, après que je l'aurai fait aller dans le désert, et je lui parlerai selon son cœur » (Osée.2.14). Que pouvait-il faire de votre cœur, tandis qu'il courait après les délices terrestres !

Mais vienne le moment du froid, de la faim, alors Il attire à Lui en disant : *Tu es à moi,* parole toute nouvelle ; et ne vous écrierez-vous pas alors : Seigneur Jésus, quel que soit le marché que tu aies fait, je l'accepte.

Il vous est très avantageux d'avoir été arrêté au matin dans votre course vers le ciel, tandis que moi, insensé que je suis, j'ai laissé le soleil monter au méridien avant de frapper à la porte du Seigneur. Profitez des avantages qui vous sont accordés. Aidez-vous des pieds et des mains pour gravir la montagne avec la même activité que si votre heure dernière allait sonner. Prenez garde que vos pieds ne glissent sur le dangereux sentier de la jeunesse. Le diable et les tentations ont sur vous l'avantage de la position ; ils travaillent contre vous, à chaque pas vous pouvez être entraîné. Soyez avide des grâces de Dieu. Faites attention que ce n'est pas toujours la vraie sainteté qui résulte des afflictions, selon ce qui advenait au peuple de Dieu : « Quand il les faisait mourir, alors ils le recherchaient, et se retournaient vers le Dieu fort dès le matin. Mais ils faisaient beau semblant de leur bouche et ils lui mentaient de leur langue » (Psa.78.34-36). Une partie de notre hypocrisie consiste à faire de beaux discours à Dieu quand il nous tient sous l'épreuve, et de le flatter jusqu'à ce que nous courions de nouveau à travers champs.

Tandis que vous êtes encore jeune dans la foi, faites-vous une idée nette de ce que vous aimez en Christ. Sont-ce les jours de soleil seulement, et non le passage au travers des grandes eaux ? Il se peut que votre profession de foi ne soit encore qu'un de ces ruisseaux pleins en hiver qui se dessèchent avec les chaleurs de l'été. Ne vous jouez jamais de Christ en aucune façon. Travaillez sans vous lasser à mettre au jour le péché que vous portez en vous, de telle sorte même que vous vous considériez comme un homme perdu, un esclave de l'enfer digne de mort, si Christ n'a pitié de vous et ne vient vous chercher. Repoussez les œuvres anciennes de cette terre de confusion dont vous vous occupiez jadis, et laissez Christ créer en vous un nouvel homme et de nouvelles œuvres. Si sa pluie arrose en vous les racines desséchées de votre plante, si son amour se pose sur les blessures saignantes du péché et sur les larmes qu'Il vous arrache ; si vous désirez mourir pour ce Jésus, seul digne de votre amour, alors Lui, je le sais, ne voilera pas sa face. Sa grâce vous parlera et vous enseignera ce que vous aurez à faire. Une croix sanctifiée est un arbre qui porte des fruits abondants.

Si je disais, d'après ma petite expérience, ce que j'ai trouvé en Christ, on me croirait à peine. Au début de ma conversion, Christ ne me semblait pas mériter la centième partie de ce que je trouve en Lui à cette heure. Et cependant, hélas ! combien mes pensées sont au-dessous de ses mérites ! Parfois, je suis comme troublé, anéanti dans le désir immense d'être en Lui ; genre de peine qui a sa douceur. Sauf la haine de Dieu, il n'est rien que je refuse pour acheter la possession de Jésus ; mais Il n'accepte pas la monnaie des hommes, elle n'a pas cours auprès de Lui. Ce que je possède, c'est la foi, la vérité, les promesses de mon Sauveur, et ces grâces sont telles, qu'elles satisferont pleinement à mes besoins. Quant à la croix, je puis vous assurer que je n'ai rien de plus précieux. Elle est un des degrés de l'échelle de notre pays, Christ est sur le plus élevé, et nous devons tous l'y rejoindre ; mais qu'importe ? la difficulté de la route est nulle pour ceux qui ont hâte de Le rejoindre. Plus la croix est lourde à porter, plus le voyage est facile.

Plût à Dieu que tous les soldats faibles regardassent à Jésus : en admirant sa beauté, ils le verraient bientôt arriver. Les vierges feraient nombre autour de l'Époux et l'embrasseraient de telle sorte qu'Il ne pourrait leur échapper. On ne saurait redire ce qu'Il est, car le Sauveur est l'étonnement du monde ; qui peut louer et parler dignement de Celui dont il a été dit : « Je vis le Seigneur assis sur un trône élevé, et les pans de sa robe remplissaient le temple. Les séraphins se tenaient au-dessus de Lui, et chacun d'eux avait six ailes ; de deux d'entre elles ils couvraient leur face, de deux autres leurs pieds, et des deux dernières ils volaient. Et ils se criaient l'un à l'autre, et disaient : Saint, saint, saint, est l'Éternel des armées, tout ce qui est sur la terre est sa gloire » (Esaïe.6.1-3). Aidez-moi à Le louer, Monsieur. Il me semble Le voir dans le ciel environné d'âmes comme anéanties devant sa gloire. Quand nous comparaîtrons tous en sa présence, au grand jour des rétributions, nous y serons comme étant perdus. On pourra difficilement dire alors quel est celui qui Lui devra le plus, parce que tous auront contracté une dette envers Lui. Si nous avons peu d'amour pour Lui, nous aurons au moins un grand étonnement. Je voudrais vous amener à être affamé du besoin de Le voir et de L'aimer.

Je vous recommande aux richesses de sa grâce. Je prie pour vous, faites-en de même pour moi.

N'oubliez pas les actions de grâce.

Table des matières

Rutherford et son époque ... 1

A une mère chrétienne, sur la mort de sa fille ... 16

A Lady Kenmure, soumission, mort spirituelle ... 20

A Lady Kenmure, sur la mort d'une de ses filles ... 25

A Lady Kenmure, sérieuse recherche du salut ... 28

A Lady Kenmure, les souffrances du disciple et celles de son Maître ... 31

A Marion Maknought, consolation des chrétiens envers leurs ennemis ... 33

A Lady Kenmure, indifférence quant au monde ... 36

A Lady Kenmure, les promesses faites au chrétien sont positives ... 39

A John Kennedy, naufrage, délivrance ... 42

A Lady Kenmure, conserver l'amour de Christ   46

A Marion Macknaught, guérison   48

A Marion Macknaught, conduite du monde et des chrétiens   51

A Lady Kenmure, difficultés du chrétien dans les positions élevées   54

A Lady Kenmure, mort de son mari ; but des afflictions.   57

A Lady Culross, sentence, condamnation à la prison   60

A Alexandre Gordon, l'heureux état de son esprit en se rendant à la prison.   63

A la vicomtesse de Kenmure, être en Christ, jouir de sa présence. L'aimer toujours plus.   64

A Lady Kenmure, bénédiction de souffrir sous la croix   67

A la vicomtesse de Kenmure, remettre tout à Christ   69

A Robert Gordon de Knockbrux, grâce tirée de l'affliction   71

A John Kennedy   74

A Robert Gordon de Knockbrux, expérience et enseignement dans l'épreuve   77

Au jeune Earlstoun, paix dans les afflictions   80

A Lady Cardoness, nécessité de chercher le ciel   83

A la vicomtesse Kenmure, inutilité des plaintes contre le péché   86

A William Dalglish, preuves de l'amour de Christ   89

A M. Matthew Mowat, plénitude de l'amour de Christ   91

A William Halliday, l'assurance du salut est la seule chose nécessaire   95

A une Dame, sur la mort de son mari   97

A John Gordon, le salut et la soumission dans les souffrances   100

A M. Jergushill, afflictions, preuves de l'alliance avec Christ   102

A William Glendinning, ferme adhérence à Christ   104

A William Livingston, félicitations sur la piété dans le bas âge   106

A William Gordon de Whiteparck, tout fidèle est soumis au creuset de l'affliction   108

A Bethaia Aird, la patience et la compassion de Christ   110

A Jeanne Macmillan, demeurer en Christ prouve qu'on est à Lui   112

A Lady Busbie, le péché dans la prospérité et l'adversité   114

A Carletoun   117

A Lady Busbie, mérite de Christ et misère de l'homme   120

A John Fleming, directions chrétiennes   123

A Lady Bogd, joie et assurance des bénédictions   126

A John Clark, preuves de la vraie grâce   130

Au Laird de Carletoun,   132

A R. Gordon de Knokbrex, objet continuel de nos prières   135

A John Lawrie,   138

A Cardoness, du salut, de la difficulté d'une continuelle communion   141

A Jeanne Brown, joies célestes assombries par le péché   145

A John Gordon, le salut est une chose certaine   148

A Lady Largire, deux écueils : le monde et le péché   151

Au Jeune Earlstoun, la route du chrétien est semée d'afflictions   153

Au Laird de Cally, éviter une froide recherche du ciel 156

A John Gordon, grand prix de l'âme, dangers de la jeunesse 160

A John Kennedy, puissance de l'amour de Christ 164

A Marguerite Ballantine, chercher Christ avant toutes choses 167

A John Gordon, fatale méprise sur le salut 170

Au Jeune Earlstoun, Christ, médecin des âmes 175

A Robert Stewart, bénédictions dans la fournaise des afflictions 179